RaulRenales.es

NMAP en Pentesting, Auditoría y Análisis de Redes

Guía Completa para el Descubrimiento, Seguridad y
Automatización en Infraestructuras Modernas

2ª Edición

Raúl Renales Agüero

Conócete a ti mismo y conoce a tu enemigo, y en cien batallas nunca estarás en peligro.

Sun Tzu, El Arte de la Guerra

CONTENIDO

Agradecimientos

Este libro no habría sido posible sin el apoyo y la inspiración de muchas personas a lo largo de este camino. Agradezco profundamente a todos aquellos que, de una manera u otra, contribuyeron con su tiempo, conocimientos y ánimos.

PRÓLOGO

Vivimos en una época en la que la superficie de ataque crece más rápido que nuestra capacidad para comprenderla. Las organizaciones ya no dependen únicamente de uno o dos servidores locales, sino de infraestructuras híbridas, servicios distribuidos, dispositivos IoT, redes complejas y sistemas que cambian cada día.

En este escenario, conocer la red ya no es una ventaja: es un requisito fundamental para sobrevivir. Las brechas de seguridad más graves de los últimos años no comenzaron con un exploit sofisticado ni con técnicas avanzadas de intrusión.

Comenzaron con un **puerto expuesto**, un **servicio olvidado**, un **host inesperado** o un **componente mal configurado**. Es decir, comenzaron en el terreno donde NMAP es rey: la visibilidad.

NMAP no es solo una herramienta. Es un mapa, un sensor, un analizador, un escáner forense, un asistente del auditor y, sobre todo, una pieza esencial del pensamiento del profesional de ciberseguridad.

Es la frontera entre la ignorancia y el conocimiento de un entorno. Entre la reacción y la anticipación. Entre un sistema vulnerable y una infraestructura defendible.

Este libro nace precisamente para cubrir esa brecha: transformar NMAP de una lista de comandos conocidos en una **metodología de análisis**, una **técnica de investigación**, una **capacidad de auditoría** y, en manos experimentadas, un instrumento estratégico.

Aquí no encontrarás únicamente parámetros y opciones. Encontrarás contexto, aplicación real, escenarios, técnicas de evasión, automatización, scripting, integración con auditorías, enfoques de pentesting y ejemplos que reflejan cómo se utiliza una herramienta de este tipo en la práctica diaria.

Porque conocer NMAP no consiste en aprender qué hace un escaneo SYN, sino entender **por qué, cuándo, cómo, contra qué infraestructura** y **con qué implicaciones** se utiliza.

He escrito esta obra para estudiantes, analistas, administradores, pentesters y para cualquiera que comprenda que la seguridad no se improvisa: se analiza, se mide y se verifica.

La experiencia demuestra que quien domina NMAP domina la red, y quien domina la red puede protegerla, auditarla o ponerla a prueba con precisión quirúrgica.

Si este libro consigue que veas la red con otros ojos —más críticos, más metódicos, más conscientes— habrá cumplido su propósito.

Bienvenido a un viaje que empieza con un simple comando y termina con una comprensión profunda de cómo se construyen, se analizan y se aseguran las infraestructuras modernas.

Raúl Renales Agüero
Autor

Capítulo 1: Introducción a NMAP

Comprender una red significa mucho más que conocer cuántos dispositivos hay conectados: implica identificar qué servicios están activos, cómo se comunican los sistemas entre sí y qué vectores de ataque pueden estar expuestos sin que nadie lo note. En ciberseguridad, esta capacidad de análisis inicial es fundamental, y pocas herramientas han marcado un antes y un después en esta disciplina como NMAP. Antes de cualquier auditoría, pentesting o análisis de infraestructura, el primer paso siempre es el mismo: **descubrir, mapear y entender el entorno**. Y ahí es donde NMAP se convierte en un aliado indispensable.

A lo largo de los años, NMAP ha pasado de ser un simple escáner de puertos a una plataforma completa para el descubrimiento y análisis de redes. Su evolución ha acompañado la complejidad creciente de las infraestructuras modernas, adaptándose a nuevos protocolos, modelos de red y necesidades operativas.

En la práctica profesional, saber usar NMAP no es una ventaja: es una competencia básica, equivalente a saber leer un mapa antes de iniciar una expedición en terreno desconocido. Sin una visión clara del entorno, cualquier intento de asegurar o evaluar un sistema estará incompleto.

Este primer capítulo tiene como objetivo sentar las bases fundamentales para entender qué es NMAP, por qué es tan relevante y cómo encaja en el flujo de trabajo de la ciberseguridad moderna. Abordaremos desde su definición y capacidades principales hasta su historia y evolución, destacando cómo ha logrado mantenerse como una herramienta de referencia durante más de dos décadas. También presentaremos los casos de uso más comunes, tanto en entornos corporativos como en ámbitos educativos y de investigación.

Además, comprenderás por qué NMAP no solo se utiliza para encontrar vulnerabilidades, sino también para construir inventarios de red, detectar configuraciones inseguras, monitorizar sistemas críticos o validar políticas de seguridad. Su versatilidad lo convierte en una pieza esencial en labores de administración, auditoría y respuesta a incidentes.

Antes de profundizar en los distintos tipos de escaneo y técnicas avanzadas, es fundamental tener una visión clara de los fundamentos que sustentan la herramienta.

Con esta base conceptual, estarás preparado para avanzar hacia el uso práctico y estratégico de NMAP a lo largo del libro, comprendiendo no solo cómo funciona, sino también cuándo y por qué utilizar cada una de sus funciones en escenarios reales.

1.1. ¿Qué es NMAP?

NMAP (Network Mapper) es una herramienta de código abierto ampliamente utilizada para el escaneo y descubrimiento de redes.

Es una de las herramientas más versátiles y poderosas en el ámbito de la ciberseguridad, desempeñando un papel clave en auditorías, pruebas de penetración (pentesting) y administración de redes.

Diseñada inicialmente para ayudar a los administradores de sistemas a mapear redes y descubrir dispositivos activos, su funcionalidad ha evolucionado significativamente para cubrir una amplia gama de necesidades.

Definición:
NMAP permite recopilar información detallada sobre redes y sistemas conectados, ayudando a identificar posibles puntos de vulnerabilidad y configuraciones inseguras.

Es capaz de detectar dispositivos, servicios y sistemas operativos en redes locales o remotas, utilizando una variedad de técnicas avanzadas de escaneo.

Propósito principal:

Facilitar la visualización del estado de una red para identificar activos conectados, servicios expuestos y posibles brechas de seguridad. Su facilidad de uso y flexibilidad la convierten en una herramienta indispensable para profesionales de TI y ciberseguridad.

Características principales:

- **Descubrimiento de hosts:** Identifica los dispositivos conectados a una red, ya sea a nivel local o remoto. Esto es útil para obtener una visión general de todos los elementos que componen una infraestructura de red.
- **Escaneo de puertos:** Permite determinar qué puertos están abiertos en un host específico. Esto incluye puertos TCP y UDP, y ayuda a detectar servicios expuestos que podrían ser objetivos de ataques.
- **Detección de servicios:** Identifica los servicios y las versiones ejecutándose en los puertos abiertos. Esto proporciona información clave para evaluar vulnerabilidades asociadas a versiones desactualizadas o configuraciones incorrectas.
- **Análisis de sistemas operativos:** Utiliza técnicas de "fingerprinting" para deducir el sistema operativo de los dispositivos analizados. Esto incluye información sobre su versión, tipo y configuración.

- **Ejecución de scripts personalizados:** A través del motor NSE (Nmap Scripting Engine), permite realizar auditorías avanzadas de seguridad, como la detección de vulnerabilidades específicas, configuraciones de seguridad incorrectas y pruebas personalizadas adaptadas a las necesidades del usuario.

Beneficios de NMAP:

1. **Eficiencia:** Capaz de escanear redes grandes en poco tiempo gracias a sus opciones de optimización.
2. **Flexibilidad:** Compatible con una amplia variedad de sistemas operativos y protocolos.
3. **Extensibilidad:** La posibilidad de agregar scripts personalizados amplía su funcionalidad.
4. **Comunidad activa:** Soporte constante de una comunidad global que contribuye a su desarrollo y mejora continua.

En resumen, NMAP es una herramienta esencial para cualquier profesional que trabaje con redes y sistemas. Su capacidad para adaptarse a diferentes escenarios, desde auditorías de seguridad hasta tareas de administración, la convierte en una herramienta indispensable en el arsenal de cualquier especialista en tecnología.

1.2. Historia y evolución de NMAP

NMAP fue creado en 1997 por Gordon Lyon (tambien conocido como Fyodor). Desde su lanzamiento, ha evolucionado para convertirse en una de las herramientas más populares y poderosas en el área de la ciberseguridad y el análisis de redes.

Hitos importantes:

- **1997:** Primera versión de NMAP lanzada en la revista Phrack.

- **2000:** Introducción del escaneo de sistemas operativos (OS Fingerprinting).
- **2007:** Integración del Nmap Scripting Engine (NSE), permitiendo la ejecución de scripts avanzados.
- **2018:** Incorporación de soporte para protocolos modernos y actualizaciones en la detección de vulnerabilidades.

Con una comunidad activa y actualizaciones constantes, NMAP sigue siendo una herramienta de referencia para administradores de redes, analistas de seguridad y pentesters.

1.3. Casos de uso y aplicaciones

NMAP es extremadamente versátil y puede utilizarse en diversos escenarios:

1. Pentesting y pruebas de seguridad:
   - **Identificación de puertos y servicios expuestos:** Permite identificar qué puertos de un sistema están abiertos y accesibles, proporcionando una visión general de los servicios activos que podrían representar puntos de entrada para posibles atacantes.
   - **Análisis de vulnerabilidades mediante scripts NSE:** El motor de scripts de NMAP (NSE) incluye módulos que permiten identificar vulnerabilidades específicas, como configuraciones incorrectas, versiones obsoletas de software y servicios mal configurados.
   - **Mapeo de la superficie de ataque de un objetivo:** Ayuda a los pentesters a comprender el alcance de una red y los posibles vectores de ataque disponibles.
2. Auditorías de redes:
   - **Descubrimiento de hosts y dispositivos no autorizados:** Identifica dispositivos que no

14

deberían estar conectados a la red, ayudando a los administradores a mantener un control efectivo de los activos.

- o **Detección de configuraciones inseguras en dispositivos de red:** Revela configuraciones que podrían ser explotadas por atacantes, como puertos abiertos innecesarios o servicios en ejecución que no están protegidos adecuadamente.

3. Monitoreo y gestión de redes:
   - o **Creación de inventarios de dispositivos conectados:** Permite generar una lista detallada de todos los dispositivos activos en una red, proporcionando información como direcciones IP, puertos abiertos y servicios activos.
   - o **Verificación de configuraciones de puertos y servicios:** Asegura que las configuraciones de red se alineen con las políticas de seguridad de la organización.

4. Educación y formación:
   - o **Enseñanza de conceptos de redes y ciberseguridad:** NMAP es una herramienta ideal para demostrar principios de escaneo y análisis de redes, ayudando a estudiantes y profesionales a entender cómo funcionan las redes y los sistemas de seguridad.
   - o **Resolución de desafíos en simulaciones y competiciones (CTFs):** NMAP es comúnmente utilizado en ejercicios de seguridad y competiciones, permitiendo a los participantes practicar y mejorar sus habilidades en un entorno controlado.

5. Evaluación de cumplimiento normativo:
   - o Muchas regulaciones de seguridad requieren auditorías regulares de redes y sistemas. NMAP se utiliza para verificar el cumplimiento de estándares

como PCI-DSS, ISO 27001 y otros, asegurando que los sistemas cumplen con los requisitos de seguridad establecidos.

1.4. Instalación en sistemas operativos (Windows, Linux, macOS)

La instalación de NMAP es sencilla y compatible con los sistemas operativos más comunes. A continuación, se describen los pasos para cada plataforma.

Windows:

1. Descarga el instalador desde la página oficial de NMAP (https://nmap.org/download.html).
2. Ejecuta el instalador y sigue las instrucciones.
3. Abre una ventana de comandos (CMD o PowerShell) y escribe nmap para verificar la instalación.

Linux:

NMAP está disponible en la mayoría de los repositorios de distribuciones populares.

En distribuciones basadas en Debian/Ubuntu:

- sudo apt update
- sudo apt install nmap

En distribuciones basadas en Red Hat/CentOS:

- sudo yum install nmap

En Arch Linux:

- sudo pacman -S nmap

macOS:

1. Instala Homebrew si no lo tienes:
   /bin/bash -c "$(curl -fsSL
   https://raw.githubusercontent.com/Homebrew/install/HE
   AD/install.sh)"
2. Instala NMAP con Homebrew:
   brew install nmap
3. Verifica la instalación escribiendo nmap en la terminal.

En resumen

El primer capítulo establece los fundamentos necesarios para comprender NMAP como una herramienta esencial en ciberseguridad y administración de redes. Inicia explicando qué es NMAP y por qué se ha convertido en un componente indispensable para auditores, pentesters y administradores. Su propósito principal —descubrir hosts, identificar puertos abiertos, detectar servicios y analizar sistemas— lo posiciona como el punto de partida para cualquier análisis de infraestructura.

A través de sus capacidades clave, como el descubrimiento de hosts, el escaneo de puertos TCP/UDP, la detección de servicios y sistemas operativos, y la ejecución de scripts mediante el Nmap Scripting Engine (NSE), NMAP ofrece una visión completa del estado de una red. Esto permite identificar vulnerabilidades, configuraciones inseguras y activos mal gestionados, proporcionando al profesional una base sólida para la toma de decisiones técnicas.

El capítulo también presenta la evolución histórica de NMAP, destacando los hitos que han definido su desarrollo desde 1997 hasta la actualidad. Estos avances explican cómo la herramienta se ha adaptado a los cambios en los entornos tecnológicos, manteniéndose relevante en redes modernas, servicios distribuidos y escenarios corporativos complejos.

Asimismo, se detallan los principales casos de uso: pruebas de penetración, auditorías de seguridad, monitoreo, educación y cumplimiento normativo. Estos ejemplos ilustran la versatilidad del escáner y su aplicabilidad tanto en tareas operativas como estratégicas. Finalmente, el capítulo cierra con instrucciones claras para instalar NMAP en Windows, Linux y macOS, dejando al lector preparado para comenzar a utilizar la herramienta en los capítulos siguientes.

En conjunto, este capítulo permite comprender **qué es NMAP, para qué sirve, por qué es relevante hoy**, y cómo se integra en el flujo de trabajo profesional. Con esta base conceptual, el lector está listo para profundizar en los diferentes tipos de escaneos y técnicas avanzadas que explorará a lo largo del libro.

Capítulo 2: Fundamentos del Escaneo de Redes

El escaneo de redes constituye la base de cualquier proceso de análisis, auditoría o defensa en ciberseguridad. Antes de hablar de vulnerabilidades, exploits o configuraciones avanzadas, es imprescindible comprender cómo se comunican los sistemas, qué estructuras sostienen la red y qué señales permiten identificar hosts, servicios y comportamientos anómalos. NMAP opera precisamente sobre estos cimientos: protocolos, paquetes y respuestas que revelan el estado real de una infraestructura, independientemente de su complejidad o tamaño.

En este capítulo profundizaremos en los pilares técnicos que hacen posible el escaneo de redes. Aunque muchas veces se utiliza NMAP sin cuestionar qué ocurre "por debajo", un analista competente debe entender qué significan una dirección IP, un paquete TCP, un mensaje ICMP o un datagrama UDP, y cómo afectan directamente a los resultados que una herramienta puede ofrecer. Esta comprensión no solo permite interpretar correctamente los escaneos, sino también elegir la técnica adecuada según el entorno, el nivel de sigilo requerido o las restricciones impuestas por firewalls y políticas de seguridad.

Además de los fundamentos técnicos, abordaremos los principales tipos de escaneos disponibles en NMAP y cómo cada uno de ellos se comporta en distintos escenarios. Aprenderás por qué un SYN scan puede ser ideal para un pentesting sigiloso, cuándo utilizar un escaneo TCP completo, qué retos presenta el escaneo UDP, o cómo los escaneos de versiones enriquecen el análisis con información crítica para evaluar vulnerabilidades. Cada técnica tiene sus ventajas, limitaciones y consideraciones prácticas, y este capítulo te permitirá comprenderlas de forma clara y estructurada.

Finalmente, exploraremos el marco ético y legal que rodea el uso del escaneo de redes. Aunque técnicamente un escaneo es solo tráfico circulando por una red, sus implicaciones pueden ser profundas: activar sistemas de detección, afectar servicios sensibles o incluso considerarse un acto ilegal si no se cuenta con autorización.

Por ello, complementaremos los aspectos técnicos con buenas prácticas, principios de responsabilidad profesional y ejemplos de escenarios reales donde NMAP se emplea correctamente como parte de auditorías, pentesting, diagnósticos y respuesta a incidentes.

Al completar este capítulo, tendrás una visión firme y completa de **cómo funciona el escaneo de redes, por qué es una pieza crítica**

en ciberseguridad y cómo NMAP aprovecha estos principios para ofrecer una radiografía precisa de cualquier infraestructura. Esta base será indispensable para aprovechar al máximo los capítulos posteriores dedicados a escaneos avanzados, scripting con NSE y automatización.

2.1. Conceptos básicos de redes y protocolos (IP, TCP, UDP, ICMP)

Las redes son la base de la comunicación moderna, y comprender sus principios fundamentales es crucial para utilizar herramientas como NMAP de manera efectiva.

Direcciones IP: Las direcciones IP (Protocolo de Internet) identifican de forma única a los dispositivos en una red. Existen dos versiones principales:

- IPv4: Direcciones de 32 bits representadas en formato decimal (e.g., 192.168.1.1).
- IPv6: Direcciones de 128 bits diseñadas para superar las limitaciones de IPv4.

Protocolo TCP/IP: El modelo TCP/IP es el conjunto de protocolos que permite la comunicación entre dispositivos en redes modernas. Los componentes principales son:

- TCP (Protocolo de Control de Transmisión): Garantiza la entrega fiable de los datos.
- UDP (Protocolo de Datagramas de Usuario): Más rápido pero menos fiable, utilizado para servicios como streaming.

A la hora de escanear redes, TCP y UDP se comportan de manera muy distinta, y comprender estas diferencias es fundamental para interpretar correctamente los resultados de NMAP.

Los escaneos basados en TCP suelen ser mucho más fiables porque este protocolo está orientado a la conexión: cada intento de comunicación genera respuestas claras — SYN/ACK, RST o un simple timeout— que permiten a NMAP determinar de forma precisa si un puerto está abierto, cerrado o filtrado. Sin embargo, esta precisión tiene un precio: el tráfico TCP es más evidente, más fácil de detectar por firewalls e IDS, y por tanto mucho más "ruidoso" desde el punto de vista del sigilo.

UDP, por el contrario, presenta un escenario completamente distinto. Al no ser un protocolo orientado a la conexión, la mayoría de las veces no genera respuestas directas, lo que hace que el análisis sea más incierto y lento.

NMAP depende en gran medida de mensajes ICMP — especialmente "port unreachable"— para interpretar el estado de un puerto UDP, y cuando no recibe ninguna respuesta, lo habitual es que clasifique el puerto como *open/filtered*.

Este estado ambiguo refleja una realidad importante: la falta de respuesta puede significar que el puerto esté abierto, filtrado... o simplemente que el dispositivo ha decidido ignorar el paquete.

A pesar de esta incertidumbre, el escaneo UDP sigue siendo indispensable, ya que muchos servicios críticos —como DNS, SNMP o NTP— no utilizan TCP y pasarían completamente desapercibidos si se analizara únicamente con escaneos tradicionales.

Por ello, mientras que TCP ofrece precisión y rapidez en la mayoría de los escenarios, UDP aporta visibilidad sobre servicios que de otro modo permanecerían ocultos.

En resumen, NMAP interpreta de manera más confiable los resultados basados en TCP, mientras que en UDP debe trabajar con información parcial y respuestas ambiguas.

Esta diferencia hace que el analista combine ambos métodos para obtener una visión completa de la red y garantizar que ningún servicio importante quede fuera del alcance del análisis.

Diferencias entre paquetes TCP y UDP en el escaneo de redes (NMAP)

Aspecto	TCP	UDP
Tipo de protocolo	Orientado a conexión	No orientado a conexión
Confirmación de entrega	Requiere handshake (SYN → SYN/ACK → ACK)	No hay confirmación, los datagramas se envían "a ciegas"
Comportamiento esperado al escanear	Siempre hay una respuesta clara: SYN/ACK, RST o timeout controlado	La ausencia de respuesta es frecuente y ambigua
Interpretación típica en NMAP	Respuestas claras → estados fiables (open, closed, filtered)	Falta de respuesta → open
Velocidad del escaneo	Más rápido y estable	Más lento, requiere retransmisiones y espera más larga
Consumo de recursos en el objetivo	Moderado; depende del número de conexiones abiertas	Alto; si el objetivo responde con ICMP "Port Unreachable" puede saturarse
Mecanismo de detección de puertos	Se basa en flags TCP (SYN, ACK, RST)	Se basa en respuestas ICMP o respuestas del servicio UDP

Fiabilidad del resultado	Muy alta	Media-baja (muchos falsos positivos/negativos)
Facilidad para evadir firewalls	Difícil; firewalls inspeccionan bien TCP	Mayor; muchos firewalls filtran ICMP pero permiten UDP sin inspección profunda
Escaneos asociados en NMAP	- SYN Scan (-sS) - TCP Connect (-sT) - ACK Scan (-sA) - FIN/XMAS/NULL (-sF/-sX/-sN)	- UDP Scan (-sU)
Indicadores en el objetivo	Fácil de ver en logs y firewalls	Puede pasar desapercibido: muchos servicios UDP no generan logs
Probabilidad de activar IDS/IPS	Alta (muy monitorizado)	Media; depende del volumen de paquetes y respuestas ICMP
Ejemplos de servicios típicos	HTTP, SSH, FTP, SMTP, RDP	DNS, SNMP, DHCP, TFTP, NTP

ICMP (Protocolo de Mensajes de Control de Internet): Es utilizado para diagnóstico y control de redes. Por ejemplo, comandos como ping o traceroute dependen de ICMP para verificar la conectividad y rastrear rutas de paquetes.

2.2. Tipos de escaneo en NMAP

NMAP es una herramienta ampliamente utilizada en el ámbito de la ciberseguridad y la administración de redes, gracias a su capacidad para realizar múltiples tipos de escaneos que permiten obtener información detallada sobre dispositivos y redes. Cada tipo de escaneo tiene características específicas que lo hacen adecuado para diferentes escenarios, dependiendo del nivel de detalle requerido y el grado de sigilo necesario para evitar detección. A continuación, se describen los tipos de escaneo más comunes en NMAP:

1. Escaneo SYN (Half-Open Scan)

También conocido como "escaneo medio abierto" o "half-open scan", este tipo de escaneo es uno de los más populares debido a su rapidez y sigilo. Su funcionamiento se basa en el establecimiento parcial de una conexión TCP, omitiendo el último paso del protocolo de enlace de tres vías (three-way handshake).

- Cómo funciona:
  - NMAP envía un paquete SYN (synchronize) al puerto objetivo.
  - Si el puerto está abierto, el objetivo responde con un paquete SYN-ACK.
  - En lugar de completar la conexión enviando un paquete ACK, NMAP cierra la comunicación enviando un paquete RST (reset).
- Ventajas:
  - Es rápido porque no establece conexiones completas.
  - Es difícil de detectar por sistemas IDS/IPS (sistemas de detección/prevención de intrusos).
  - Reduce la carga en la red objetivo.
- Limitaciones:
  - Requiere privilegios administrativos para ejecutarse (acceso root en sistemas UNIX/Linux).
  - Algunos sistemas de firewall pueden detectar y bloquear este tipo de escaneo.

2. Escaneo completo (TCP Connect)

El escaneo completo, también conocido como **TCP Connect Scan**, establece una conexión TCP completa con cada puerto objetivo. Este método utiliza el protocolo de enlace de tres vías completo (three-way handshake) para determinar si un puerto está abierto o cerrado.

- Cómo funciona:
  - NMAP envía un paquete SYN al puerto objetivo.

- o Si el puerto está abierto, el objetivo responde con un paquete SYN-ACK.
- o NMAP completa la conexión enviando un paquete ACK y luego la cierra con un paquete RST.
- Ventajas:
  - o No requiere privilegios administrativos, ya que utiliza llamadas estándar del sistema operativo para establecer conexiones.
  - o Es más compatible con entornos donde no se permite el escaneo SYN.
- Limitaciones:
  - o Es más lento que el escaneo SYN, ya que establece conexiones completas.
  - o Es más fácil de detectar por firewalls y sistemas IDS/IPS debido al tráfico generado.

3. Escaneo UDP

El escaneo UDP está diseñado para detectar servicios en ejecución en puertos que utilizan el protocolo UDP (User Datagram Protocol), como DNS, SNMP y TFTP. Este tipo de escaneo es especialmente útil para descubrir servicios no basados en TCP.

- Cómo funciona:
  - o NMAP envía un paquete UDP vacío o específico al puerto objetivo.
  - o Si el puerto está cerrado, el dispositivo responde con un mensaje ICMP "puerto inalcanzable" (Port Unreachable).
  - o Si el puerto está abierto o filtrado, puede no haber respuesta o se recibirá una respuesta específica del servicio.
- Ventajas:
  - o Permite identificar servicios críticos que usan UDP, como DNS y VoIP.
  - o Complementa el análisis de redes TCP-centricas.

25

- Limitaciones:
  - Es más lento y consume más recursos que el escaneo TCP debido a la falta de confirmación explícita de UDP.
  - Es más difícil obtener resultados precisos, ya que muchos firewalls bloquean paquetes ICMP.
  - Genera falsos negativos si no hay respuesta del puerto, aunque esté abierto.

4. Escaneo de versiones (Version Detection Scan)

El escaneo de versiones es una funcionalidad avanzada de NMAP que permite identificar versiones específicas de servicios y aplicaciones en ejecución en los puertos abiertos. Este escaneo va más allá de simplemente determinar si un puerto está abierto, proporcionando información detallada sobre los servicios.

- Cómo funciona:
  - NMAP envía paquetes diseñados para interactuar con el servicio en el puerto abierto.
  - Analiza las respuestas del servicio para identificar su tipo, nombre, versión específica y, en algunos casos, el sistema operativo asociado.
- Ventajas:
  - Proporciona información crítica para la identificación de vulnerabilidades específicas de servicios o versiones.
  - Es útil para crear inventarios detallados de servicios en redes grandes.
- Limitaciones:
  - Puede ser más lento que otros escaneos debido a la complejidad de las interacciones con los servicios.

    o Es más probable que active alarmas en sistemas IDS/IPS debido a su naturaleza más intrusiva.

5. Otros tipos de escaneo disponibles en NMAP

Además de los mencionados, NMAP soporta varios otros tipos de escaneo, útiles en situaciones específicas:

- **Escaneo ACK**: Diseñado para determinar reglas de firewall y si los puertos están filtrados.
- **Escaneo FIN, XMAS y NULL**: Escaneos avanzados que envían paquetes con banderas inusuales para evadir detección.
- **Escaneo de puertos en paralelo (Ping Scan)**: Identifica dispositivos activos en la red sin escanear puertos individuales.
- **Escaneo de fragmentos de paquetes**: Fragmenta los paquetes enviados para evadir sistemas de detección.

Los diferentes tipos de escaneos en NMAP ofrecen una flexibilidad considerable para adaptarse a las necesidades del usuario, ya sea que busque rapidez, sigilo o un análisis detallado. La selección del tipo de escaneo dependerá de factores como el nivel de acceso, las políticas de seguridad de la red objetivo y los objetivos del análisis. Cada método tiene ventajas y desventajas, por lo que una combinación de técnicas a menudo proporciona los mejores resultados en auditorías de seguridad y exploración de redes.

2.3. Consideraciones éticas y legales del uso de NMAP

El uso de herramientas como NMAP en el ámbito de la ciberseguridad conlleva una gran responsabilidad ética y legal. Aunque NMAP es una herramienta poderosa y legítima para la administración de redes y pruebas de seguridad, su uso indebido puede derivar en consecuencias legales graves y daños colaterales. Por esta razón, es fundamental comprender y respetar los principios éticos y el marco legal que rigen su empleo. A continuación, se detallan las principales consideraciones éticas y legales relacionadas con el uso de NMAP.

1. Obtener autorización previa

Realizar un escaneo con NMAP en una red sin autorización explícita del propietario constituye una violación ética y, en muchos casos, legal. Incluso si el propósito es aparentemente inocuo, como probar la seguridad de una red, se debe seguir un proceso formal para obtener el consentimiento necesario.

- Razones para obtener autorización:
  - Proteger la privacidad del propietario de la red.
  - Evitar ser identificado como una amenaza o intruso.
  - Cumplir con las leyes que penalizan el acceso no autorizado a sistemas de información.
- Elementos de una autorización adecuada:
  - Un acuerdo formal, como un contrato o permiso escrito, que especifique el alcance, los objetivos y las fechas del escaneo.
  - Comunicación clara con las partes interesadas, incluidos administradores de la red, gerentes y propietarios de la infraestructura.
- Escenarios comunes donde se requiere autorización:
  - Auditorías de seguridad contratadas por organizaciones.
  - Pruebas internas de seguridad en redes corporativas.
  - Entrenamientos en laboratorios controlados diseñados para simulaciones de seguridad.

2. Comprender las regulaciones locales

Las leyes y regulaciones sobre el uso de herramientas de escaneo como NMAP varían considerablemente entre países y regiones. En muchos lugares, el uso no autorizado de herramientas de este tipo es considerado un delito, independientemente de la intención.

- Leyes internacionales sobre escaneo de redes:
  - En países como los Estados Unidos, el **Computer Fraud and Abuse Act (CFAA)** regula el acceso y uso no autorizado de sistemas informáticos. Escanear una red sin permiso puede ser interpretado como una violación de esta ley.
  - En la Unión Europea, el **Reglamento General de Protección de Datos (GDPR)** incluye disposiciones sobre el acceso y procesamiento de datos personales, lo que podría complicar el uso de herramientas de escaneo sin autorización.
  - Algunos países, como China y Rusia, tienen restricciones más estrictas sobre el uso de herramientas de hacking, incluyendo NMAP, incluso en redes propias.
- Recomendaciones para el cumplimiento legal:
  - Familiarizarse con las leyes locales e internacionales antes de usar NMAP.
  - Consultar con equipos legales o de cumplimiento normativo para asegurarse de que los procedimientos de escaneo estén alineados con la ley.
  - Documentar todas las actividades y mantener registros claros para demostrar que el uso de NMAP es legítimo y autorizado.

3. Evitar daños no intencionados

El uso incorrecto de NMAP puede provocar interrupciones en servicios críticos o en la funcionalidad de los sistemas, lo que podría afectar negativamente a la organización objetivo o a terceros conectados a la red. Estas interrupciones pueden ocurrir incluso cuando las intenciones son legítimas, por lo que es esencial tomar medidas preventivas para minimizar riesgos.

- Ejemplos de daños no intencionados:
  - Sobrecarga de la red objetivo al realizar escaneos intensivos o mal configurados.
  - Congelación o caída de sistemas debido a interacciones inesperadas con servicios sensibles.
  - Generación de alertas falsas en sistemas IDS/IPS, lo que podría saturar equipos de seguridad con análisis innecesarios.
- Buenas prácticas para evitar daños:
  - Configurar correctamente los parámetros de escaneo: limitar el número de solicitudes por segundo y evitar opciones agresivas sin un propósito claro.
  - Realizar pruebas iniciales en un entorno controlado o en redes de prueba antes de llevar a cabo escaneos en redes reales.
  - Utilizar herramientas adicionales para evaluar el impacto potencial del escaneo antes de ejecutarlo en sistemas en producción.

4. Principios éticos del uso de NMAP

Además del cumplimiento legal, el uso de NMAP debe alinearse con principios éticos fundamentales que guíen el comportamiento de los profesionales en ciberseguridad:

- Responsabilidad profesional:
  - Actuar en el mejor interés de la organización o cliente que confía en el análisis de seguridad.
  - Proteger la confidencialidad de la información obtenida durante los escaneos, evitando su divulgación no autorizada.

- Transparencia y comunicación:
    - Informar a todas las partes relevantes sobre las actividades de escaneo y los posibles riesgos asociados.
    - Explicar claramente los resultados del análisis y proporcionar recomendaciones para mejorar la seguridad.
- No causar daño intencionado:
    - Abstenerse de realizar escaneos en redes o sistemas para los que no se tiene autorización, incluso con fines de aprendizaje o experimentación.
    - Evitar el uso de NMAP para actividades maliciosas, como la identificación de vulnerabilidades para explotación.

5. Consecuencias del uso indebido de NMAP

El incumplimiento de las consideraciones éticas y legales puede tener consecuencias graves para los profesionales de la seguridad informática:

- Consecuencias legales:
    - Procesos judiciales por acceso no autorizado o interrupción de servicios críticos.
    - Multas económicas y, en algunos casos, penas de cárcel dependiendo de la jurisdicción.
- Consecuencias profesionales:
    - Pérdida de credibilidad y confianza en el sector de la ciberseguridad.
    - Revocación de certificaciones profesionales, como CEH (Certified Ethical Hacker) o CISSP (Certified Information Systems Security Professional).
- Consecuencias organizacionales:
    - Daño a la reputación de la empresa u organización contratante.

○ Pérdida de clientes o contratos debido a la percepción de prácticas poco éticas o negligentes.

El uso de NMAP debe realizarse siempre dentro de un marco ético y legal, priorizando la obtención de permisos explícitos, el cumplimiento de las leyes locales y la prevención de daños no intencionados. Además de las implicaciones legales, la ética profesional es esencial para mantener la confianza en el ámbito de la ciberseguridad. Adoptar un enfoque ético y legal no solo protege a los profesionales y a las organizaciones, sino que también contribuye al desarrollo de un entorno digital más seguro y confiable.

2.4. Escenarios comunes: Auditorías y pruebas de seguridad

NMAP es una herramienta versátil y poderosa que se utiliza en una variedad de contextos dentro del ámbito de la ciberseguridad y la administración de redes. Su capacidad para recopilar información detallada sobre dispositivos, servicios y configuraciones hace que sea indispensable en auditorías, pruebas de penetración y diagnósticos de red. A continuación, se describen con detalle los escenarios más comunes en los que NMAP es utilizado, junto con ejemplos prácticos y consideraciones específicas.

1. Auditorías de seguridad

Las auditorías de seguridad son procesos esenciales para identificar y mitigar vulnerabilidades en una red o sistema antes de que puedan ser explotadas. NMAP es una herramienta clave en estas auditorías debido a su capacidad para escanear redes completas y proporcionar información valiosa sobre configuraciones incorrectas y vulnerabilidades.

● Objetivos de las auditorías de seguridad con NMAP:

- o Detectar puertos abiertos que podrían ser aprovechados por atacantes.
  - o Identificar servicios y versiones específicas que ejecutan software vulnerable.
  - o Evaluar configuraciones de firewall y determinar si los puertos filtrados o bloqueados coinciden con las políticas de seguridad.
- Ejemplos de uso:
  - o Identificación de un servidor FTP con una versión antigua que carece de cifrado adecuado.
  - o Detección de un puerto SSH accesible desde redes externas, lo que podría violar políticas de seguridad internas.
  - o Verificación de que los puertos críticos están correctamente protegidos por firewalls o reglas de acceso.
- Consideraciones específicas:
  - o Planificar los escaneos para minimizar el impacto en la red, especialmente durante horarios críticos.
  - o Complementar los resultados de NMAP con otras herramientas especializadas en análisis de vulnerabilidades, como Nessus o OpenVAS.
  - o Documentar todas las configuraciones y vulnerabilidades detectadas para proporcionar recomendaciones claras y accionables.

2. Pruebas de penetración (Penetration Testing)

NMAP es una herramienta esencial en las pruebas de penetración, que simulan ataques controlados para evaluar la seguridad de una red o sistema. En este contexto, NMAP se utiliza principalmente para recopilar información inicial sobre el entorno objetivo, lo que permite a los profesionales de seguridad identificar posibles puntos de entrada para ataques.

- Etapas del uso de NMAP en pruebas de penetración:

- ○ Reconocimiento y mapeo de la red:
  - ■ Identificar dispositivos activos y sus direcciones IP.
  - ■ Detectar puertos abiertos y servicios en ejecución para comprender la superficie de ataque.
- ○ Descubrimiento de vulnerabilidades potenciales:
  - ■ Determinar las versiones de los servicios mediante escaneos de versiones.
  - ■ Identificar configuraciones incorrectas que puedan ser explotadas, como contraseñas predeterminadas o servicios expuestos.
- ○ Validación de hipótesis de ataque:
  - ■ Utilizar los resultados de NMAP para planificar y ejecutar ataques simulados en los servicios identificados.
- Ejemplo práctico:
  - ○ Durante una prueba de penetración, un escaneo con NMAP identifica un puerto RDP (3389) abierto en una máquina expuesta a Internet. El análisis de versiones revela que el servicio RDP es vulnerable a un exploit conocido, lo que podría permitir el acceso no autorizado.
- Consideraciones importantes:
  - ○ Realizar los escaneos dentro del alcance definido en el acuerdo de la prueba de penetración, para evitar problemas legales o éticos.
  - ○ Priorizar los escaneos más sigilosos (como el SYN scan) para evitar alertar a los sistemas de detección de intrusos (IDS).
  - ○ Integrar los resultados de NMAP con herramientas de explotación, como Metasploit, para probar vulnerabilidades específicas.

3. Diagnóstico de redes

Además de su uso en ciberseguridad, NMAP es una herramienta valiosa para administradores de sistemas y redes en tareas de diagnóstico y resolución de problemas. Su capacidad para analizar la conectividad y las configuraciones de red lo convierte en un recurso esencial en este contexto.

- Usos comunes en diagnóstico de redes:
  - ○ Identificar dispositivos que no están respondiendo debido a problemas de conectividad.
  - ○ Verificar la configuración de servicios críticos en dispositivos de red, como routers y switches.
  - ○ Detectar conflictos de direcciones IP o configuraciones duplicadas en la red.
- Ejemplo práctico:
  - ○ Un administrador de red utiliza NMAP para realizar un escaneo de puertos en un servidor web que presenta problemas de conexión. El escaneo revela que el puerto 80 (HTTP) está cerrado debido a una configuración incorrecta en el firewall, lo que permite corregir rápidamente el problema.
- Características clave de NMAP para diagnóstico:
  - ○ **Ping Scan**: Permite identificar qué dispositivos están activos en la red sin realizar un escaneo completo de puertos.
  - ○ **Escaneo UDP**: Ayuda a verificar servicios como DNS y DHCP que no funcionan correctamente.
  - ○ **Traceroute**: Muestra las rutas de red entre el origen y el destino, facilitando la localización de interrupciones o cuellos de botella.
- Ventajas del uso de NMAP en diagnósticos:
  - ○ Ahorro de tiempo al proporcionar una visión rápida y clara del estado de la red.
  - ○ Reducción de errores humanos al automatizar la detección de problemas comunes.
  - ○ Compatibilidad con otros scripts y herramientas avanzadas para análisis más detallados.

4. Escenarios avanzados: Combinación de casos de uso

En muchos entornos, los escenarios descritos anteriormente no se presentan de forma aislada, sino como parte de procesos más complejos que combinan auditorías, pruebas de penetración y diagnósticos. NMAP puede integrarse en flujos de trabajo avanzados para abordar necesidades específicas, como:

- **Evaluaciones periódicas de seguridad**: Empresas que realizan auditorías regulares de sus sistemas para cumplir con normativas como PCI DSS o ISO 27001 pueden utilizar NMAP como herramienta inicial para identificar vulnerabilidades recurrentes.
- **Respuesta a incidentes de seguridad**: Durante un ataque activo o una brecha de seguridad, NMAP puede ayudar a mapear rápidamente el entorno afectado y determinar qué servicios están comprometidos.
- **Optimización de la infraestructura de red**: Administradores de red pueden usar NMAP para auditar configuraciones y optimizar el rendimiento eliminando servicios innecesarios o identificando cuellos de botella.

NMAP es una herramienta extremadamente versátil que encuentra aplicaciones en una amplia variedad de escenarios relacionados con la seguridad y la administración de redes.

Su utilidad en auditorías de seguridad, pruebas de penetración y diagnósticos de redes lo convierte en un recurso indispensable tanto para profesionales de ciberseguridad como para administradores de sistemas.

Sin embargo, su eficacia depende de un uso planificado y controlado, con una comprensión clara de los objetivos específicos y el contexto del entorno.

Capítulo 3: Escaneos Básicos con NMAP

Antes de adentrarnos en técnicas avanzadas de reconocimiento, evasión o automatización, es imprescindible dominar los escaneos básicos de NMAP. Estos métodos constituyen el punto de partida de cualquier auditoría, pentesting o análisis de red, ya que permiten obtener la primera fotografía del entorno: qué dispositivos están activos, qué puertos exponen, qué servicios ejecutan y cómo estos componentes se comportan ante solicitudes externas. Sin esta información inicial, cualquier actividad posterior carecería de dirección y sería imposible evaluar correctamente el estado de seguridad de una infraestructura.

Los escaneos básicos no solo son los más utilizados, sino también los más relevantes en escenarios reales. Casi todas las investigaciones de seguridad —desde un análisis de exposición hasta una auditoría rutinaria— comienzan con un simple descubrimiento de hosts o un escaneo de puertos para entender la superficie de ataque. Por ello, conocer con precisión cómo funcionan estos escaneos, qué información proporcionan y qué limitaciones presentan es esencial para cualquier profesional de redes o ciberseguridad.

En este capítulo exploraremos en detalle los fundamentos operativos detrás de los escaneos más comunes, como el descubrimiento de hosts (Ping Scan), el escaneo de puertos TCP y UDP, la detección de servicios y la identificación preliminar de sistemas operativos. Aunque se consideran "básicos", estos escaneos combinan técnicas de red que interactúan directamente con protocolos como ICMP, TCP y UDP, lo que requiere una comprensión técnica clara para interpretar correctamente los resultados que ofrece NMAP.

También analizaremos cómo estos escaneos se comportan en entornos reales: redes corporativas con firewalls restrictivos, infraestructuras con dispositivos que filtran ICMP, políticas de

37

seguridad que limitan ciertas solicitudes o sistemas que responden de manera inesperada. Aprenderemos qué escaneo utilizar en cada situación, cómo ajustar sus parámetros y cómo interpretar estados como *open*, *closed*, *filtered* u *open/filtered*, que a menudo generan confusión en usuarios principiantes.

Al finalizar este capítulo, el lector será capaz de ejecutar, comprender e interpretar los escaneos fundamentales de NMAP con solidez profesional. Esta base permitirá avanzar hacia capítulos más complejos dedicados a escaneos detallados, técnicas de evasión, scripting con NSE y automatización, donde la precisión y el entendimiento de estos escaneos iniciales serán esenciales.

3.1. Descubrimiento de hosts en una red

El descubrimiento de hosts, también conocido como **host discovery**, es el proceso inicial en cualquier análisis de red. Permite identificar dispositivos activos dentro de un rango de direcciones IP, proporcionando una lista de objetivos potenciales para escaneos posteriores.

Métodos de descubrimiento en NMAP

NMAP utiliza varios métodos para identificar hosts activos. Estos métodos pueden ajustarse según las restricciones de la red o el nivel de detalle deseado:

- **Ping Scan (-sn)**: Este método determina qué hosts están activos sin escanear puertos. Es ideal para un reconocimiento rápido y no intrusivo.
  - o **Funcionamiento**: NMAP envía paquetes ICMP (ping) y espera respuestas. Si recibe una respuesta, el host se considera activo.
  - o **Ventajas**: Es rápido y consume pocos recursos.

- o **Limitaciones**: Muchos firewalls bloquean los paquetes ICMP, lo que puede generar falsos negativos.
- **TCP ACK Scan (-PA)**: Envía paquetes TCP con la bandera ACK a un puerto específico (generalmente el 80).
  - o **Uso**: Identifica hosts activos que no responden a ICMP.
  - o **Consideración**: Es más útil en redes donde ICMP está bloqueado, pero puede ser detectado fácilmente por sistemas IDS.
- **ARP Scan (-PR)**: Este método es el más confiable para redes locales (LAN).
  - o **Funcionamiento**: En lugar de enviar paquetes IP, utiliza solicitudes ARP (Address Resolution Protocol) para identificar dispositivos activos.
  - o **Ventajas**: Los paquetes ARP no suelen ser bloqueados, y su precisión es alta.
- **Combinación de métodos**: NMAP permite combinar diferentes métodos para obtener resultados más completos. Por ejemplo, se pueden enviar paquetes ICMP, TCP y UDP simultáneamente para maximizar la probabilidad de detectar hosts activos.

Ejemplo práctico:

nmap -sn 192.168.1.0/24

Realiza un ping scan para listar todos los dispositivos activos en el rango de la subred.

3.2. Escaneo de puertos (TCP y UDP)

Una vez identificados los hosts activos, el siguiente paso es realizar un escaneo de puertos para determinar qué servicios están disponibles y accesibles en cada dispositivo. Este proceso es esencial para identificar puntos de entrada potenciales.

Tipos de escaneo de puertos

- **Escaneo SYN (-sS)**: Conocido como "half-open scan", es el más utilizado por su rapidez y sigilo.
  - ○ **Funcionamiento**: Envía paquetes SYN a los puertos objetivo y espera respuestas (SYN-ACK para puertos abiertos, RST para cerrados).
  - ○ **Ventajas**: No completa el handshake TCP, lo que lo hace menos detectable.

Ejemplo:

nmap -sS 192.168.1.1

  ○

- **Escaneo TCP Connect (-sT)**: Realiza una conexión completa con cada puerto.
  - ○ **Ventajas**: No requiere privilegios administrativos.
  - ○ **Limitaciones**: Más lento y fácil de detectar.

Ejemplo:

nmap -sT 192.168.1.1

- **Escaneo UDP (-sU)**: Utilizado para descubrir servicios en puertos UDP, como DNS o SNMP.
  - ○ **Funcionamiento**: Envía paquetes UDP a los puertos y analiza las respuestas o la falta de ellas.
  - ○ **Consideraciones**: Puede ser lento y generar falsos negativos.

Ejemplo:

nmap -sU 192.168.1.1

Escaneo de puertos específicos

NMAP permite enfocar el escaneo en un rango o lista específica de puertos.

nmap -p 22,80,443 192.168.1.1

Escanea los puertos 22 (SSH), 80 (HTTP) y 443 (HTTPS).

3.3. Identificación de servicios (Service Detection)

Identificar qué servicios están ejecutándose en los puertos abiertos es crucial para determinar el propósito de cada puerto y evaluar su nivel de seguridad. NMAP ofrece la funcionalidad de detección de servicios mediante el parámetro -sV.

Funcionamiento de la detección de servicios

- NMAP interactúa con los servicios identificados en los puertos abiertos enviando consultas específicas y analizando las respuestas.
- Además de identificar el tipo de servicio (HTTP, FTP, SSH, etc.), intenta determinar:
  - Versión exacta del servicio (e.g., Apache 2.4.41).
  - Información adicional sobre la configuración.

Ejemplo práctico:

nmap -sV 192.168.1.1

Detecta los servicios en ejecución y sus versiones en el host objetivo.

Escaneo con scripts avanzados:

Al combinar la detección de servicios con los scripts NSE (Nmap Scripting Engine), se pueden realizar análisis más profundos, como detectar vulnerabilidades específicas en los servicios detectados.

Consideraciones:

- Este tipo de escaneo es más intrusivo y puede ser detectado por sistemas IDS.
- La precisión depende de las respuestas del servicio; algunos servicios pueden estar configurados para ocultar información.

3.4. Detección del sistema operativo (OS Fingerprinting)

La capacidad de NMAP para identificar el sistema operativo de los dispositivos es una funcionalidad avanzada conocida como **OS Fingerprinting**.

Esto es esencial para comprender el entorno de red y adaptar estrategias de seguridad o ataque.

Cómo funciona la detección del sistema operativo

- NMAP envía una serie de paquetes personalizados y analiza las respuestas para deducir características únicas del sistema operativo.
- Factores analizados:
  - Respuestas TCP/IP (por ejemplo, a paquetes SYN o ACK).
  - Configuraciones específicas de tiempo (TTL, tamaño de ventana).
  - Respuestas a consultas ICMP.

Comando básico:

nmap -O 192.168.1.1

Realiza un escaneo de detección de sistema operativo en el host objetivo.

Escaneo combinado:

Es común combinar la detección de servicios y el fingerprinting de OS para obtener una visión más completa.

nmap -sV -O 192.168.1.1

Limitaciones:

- La precisión depende de la capacidad de respuesta del host. Si un firewall bloquea paquetes específicos, el fingerprinting puede fallar.
- Algunos dispositivos pueden devolver datos ambiguos o deliberadamente falsos para confundir el análisis.

Ejemplo práctico de uso:

- Durante un análisis de red, un escaneo con fingerprinting identifica que un host ejecuta Windows Server 2016. Esto permite al analista enfocar la búsqueda en vulnerabilidades específicas para ese sistema.
- Los escaneos básicos con NMAP constituyen el núcleo de cualquier análisis de red o auditoría de seguridad. Desde descubrir hosts hasta identificar servicios y sistemas operativos, estas técnicas proporcionan una base sólida para análisis más avanzados. Sin embargo, es crucial utilizarlas de manera planificada y ética, considerando siempre las limitaciones técnicas y el impacto potencial en la red objetivo.

Capítulo 4: Escaneos Avanzados

Después de dominar los escaneos básicos, el siguiente paso natural en el uso profesional de NMAP es adentrarse en las técnicas avanzadas. Estas capacidades permiten al analista ir más allá de la simple identificación de puertos y servicios, proporcionando herramientas para operar en entornos hostiles, evadir controles de seguridad y obtener información que normalmente estaría protegida por firewalls, IDS/IPS o políticas de filtrado estrictas. En esencia, este capítulo aborda el verdadero "arsenal táctico" de NMAP.

Los escaneos avanzados representan un conjunto de técnicas diseñadas para escenarios donde la precisión, el sigilo y la adaptabilidad son esenciales. A diferencia de los escaneos básicos —que asumen un entorno relativamente abierto o colaborativo—, aquí se trabaja con redes que intentan activamente ocultar su superficie de exposición o bloquear los mecanismos tradicionales de descubrimiento. Comprender estas técnicas no solo mejora la capacidad del auditor para interpretar correctamente un entorno complejo, sino que también revela cómo funcionan las defensas modernas y cuáles son sus puntos débiles.

En este capítulo exploraremos métodos de evasión, manipulación de paquetes, fragmentación, descubrimiento alternativo, escaneos dirigidos, ajustes de temporización y otras técnicas destinadas a maximizar la eficiencia del análisis y minimizar la probabilidad de detección. Veremos cómo NMAP puede modificar su comportamiento para imitar tráfico legítimo, evitar reglas de firewall, retrasar patrones detectables o incluso confundirse con ruido de red cotidiano. Estas capacidades son críticas en auditorías de alta exigencia, en pruebas de penetración donde el sigilo es prioritario o en infraestructuras con segmentación estricta y políticas restrictivas.

Además, profundizaremos en cómo estos métodos avanzados se integran con las capacidades de scripting (NSE), con los escaneos de versiones, con los ajustes de temporización (Timing Templates) y con técnicas combinadas que utilizan múltiples enfoques simultáneamente.

Para cada técnica, analizaremos tanto su utilidad como sus limitaciones, así como los escenarios donde realmente aportan valor práctico.

Al completar este capítulo, el lector no solo conocerá las opciones avanzadas de NMAP, sino que también entenderá cómo y cuándo emplearlas de manera inteligente, estratégica y responsable. Esto permitirá ejecutar análisis más completos, enfrentarse a redes más protegidas y adquirir una visión profunda del funcionamiento interno de los mecanismos de detección y evasión utilizados en el mundo real.

4.1. Técnicas de evasión y sigilo (Firewalls e IDS)

Los firewalls y sistemas de detección de intrusos (IDS/IPS) están diseñados para identificar y bloquear actividades sospechosas, incluidos los escaneos de puertos. NMAP ofrece varias técnicas para minimizar la posibilidad de detección, permitiendo realizar análisis más discretos.

1. Manipulación del tiempo y velocidad de escaneo

- **Timing Templates**: NMAP permite ajustar la velocidad de los escaneos mediante plantillas de tiempo (-T0 a -T5):
  - -T0 (Paranoid): Envía paquetes de forma extremadamente lenta para evitar detección.
  - -T1 (Sneaky): Más rápido que -T0, pero aún muy sigiloso.

- -T5 (Insane): Escaneo extremadamente rápido, adecuado solo en redes confiables.

Ejemplo:

nmap -T1 192.168.1.1

Realiza un escaneo lento y sigiloso, útil en redes protegidas por IDS.

2. Randomización del orden de escaneo

Utilizar la opción --randomize-hosts para escanear hosts en un orden aleatorio, reduciendo patrones que podrían ser detectados.

Ejemplo:

nmap --randomize-hosts -p 22,80 192.168.1.0/24

Escanea los puertos 22 y 80 de forma aleatoria en toda la subred.

3. Evitar respuestas estándar

Deshabilitar el escaneo ping: Con -Pn, NMAP evita enviar paquetes ICMP, pasando directamente al escaneo de puertos.

Ejemplo:

nmap -Pn 192.168.1.1

4. Uso de técnicas de camuflaje

- Modificar el tamaño, contenido y fragmentación de los paquetes para evitar detección por IDS:
  - --data-length <n>: Añade bytes aleatorios al paquete.

o --badsum: Envía paquetes con checksums incorrectos para confundir IDS.

Ejemplo:

nmap --data-length 32 --badsum 192.168.1.1

4.2. Escaneos fragmentados y decoys

Las técnicas de fragmentación y decoy están diseñadas para engañar a los sistemas de detección y ocultar la verdadera fuente del escaneo.

1. Escaneos fragmentados

- Divide los paquetes en fragmentos pequeños (-f) para dificultar la detección por IDS/IPS que analizan paquetes completos.

Ejemplo:

nmap -f 192.168.1.1

- Envía paquetes fragmentados que los IDS tendrán dificultades para ensamblar.

Consideraciones:

- Algunos dispositivos modernos pueden reensamblar paquetes fragmentados y detectar la actividad.
- Puede causar problemas en redes con configuraciones de MTU bajas.

2. Uso de decoys

NMAP en Pentesting, Auditoría y Análisis de Redes

- Con la opción -D, NMAP genera tráfico falso desde múltiples direcciones IP (reales o simuladas) para ocultar la dirección IP real del escáner.

Ejemplo:

nmap -D 192.168.1.100,192.168.1.101,ME 192.168.1.1

Envía tráfico desde las direcciones IP 192.168.1.100 y 192.168.1.101 además de la dirección del atacante (ME).

Ventajas:

- Confunde los registros en los sistemas IDS, dificultando la atribución del escaneo.

Limitaciones:

- Requiere un conocimiento previo de direcciones IP válidas para usarlas como decoys.

4.3. Escaneos inversos y FTP Bounce

1. Escaneos inversos

En un escaneo inverso, el objetivo envía respuestas a una dirección IP diferente de la del escáner, ayudando a ocultar la ubicación del atacante.

Cómo funciona:

Se aprovechan configuraciones erróneas en los firewalls, donde las respuestas están permitidas a direcciones específicas que no corresponden al atacante.

Ejemplo avanzado:

Implementar esta técnica requiere manipulación adicional de la configuración de red, que NMAP puede complementar con scripts NSE.

2. FTP Bounce Scan

Esta técnica explota configuraciones incorrectas en servidores FTP que permiten realizar conexiones de datos a direcciones arbitrarias.

Funcionamiento:

Se utiliza el protocolo FTP para reenviar tráfico a través del servidor, ocultando la fuente real del escaneo.

Ejemplo:

nmap -b ftpuser:ftppass@192.168.1.1

Realiza un escaneo utilizando el servidor FTP identificado en 192.168.1.1.

Ventajas:

- Permite escanear objetivos detrás de firewalls que bloquean conexiones directas.

Limitaciones:

- Es poco común encontrar servidores FTP vulnerables a esta técnica en la actualidad debido a mejoras en las configuraciones.

4.4. Escaneos con privilegios elevados

Algunas funcionalidades avanzadas de NMAP requieren privilegios administrativos en el sistema donde se ejecuta.

Esto se debe a que ciertas técnicas de escaneo interactúan directamente con la pila de red.

1. Escaneos SYN (Half-Open)

Los escaneos SYN (-sS) requieren acceso root para enviar paquetes TCP personalizados. Esto permite evitar el escaneo TCP completo (-sT) y ser más sigiloso.

Ejemplo:

sudo nmap -sS 192.168.1.1

2. Escaneos RAW

Algunos escaneos avanzados que interactúan con protocolos específicos, como el escaneo ICMP o escaneos de baja capa, requieren acceso elevado para modificar encabezados de paquetes.

3. Escaneos ARP en redes locales

Los escaneos ARP (-PR) también necesitan permisos elevados, ya que interactúan directamente con la capa de enlace.

Ejemplo:

sudo nmap -PR 192.168.1.0/24

4. Escaneo de servicios y scripts NSE

Ejecutar scripts avanzados del Nmap Scripting Engine puede requerir permisos administrativos para interactuar con protocolos o servicios restringidos.

Ejemplo:

sudo nmap --script vuln 192.168.1.1

Detecta vulnerabilidades en el host objetivo utilizando scripts predefinidos.

Las técnicas avanzadas de escaneo en NMAP permiten a los analistas de seguridad superar obstáculos como firewalls y sistemas IDS, evadir la detección y realizar análisis más profundos y específicos.

Sin embargo, su uso requiere un conocimiento sólido de las redes y las herramientas, además de un marco ético y legal para evitar conflictos o consecuencias negativas.

Estas técnicas son fundamentales para auditorías sofisticadas y pruebas de penetración en entornos complejos.

En resumen

El Capítulo 4 profundiza en las capacidades más potentes y estratégicas de NMAP, mostrando cómo esta herramienta puede operar eficazmente en entornos complejos, protegidos o restrictivos.

A diferencia de los escaneos básicos, las técnicas avanzadas permiten al analista adaptarse a infraestructuras que filtran tráfico, emplean firewalls estrictos o cuentan con sistemas de detección capaces de identificar patrones de escaneo tradicionales. Estos métodos forman la base del trabajo profesional en auditorías exigentes y pruebas de penetración donde la precisión y el sigilo son fundamentales.

A lo largo del capítulo se exploran técnicas clave como la evasión de firewalls, la fragmentación de paquetes, el uso de escaneos FIN/XMAS/NULL, los ajustes de temporización, el control de decoys, el uso de IP spoofing y la manipulación directa de flags TCP.

Estas técnicas permiten a NMAP modificar su comportamiento para sortear medidas defensivas, camuflar la procedencia del tráfico o reducir su huella en la red objetivo. Su aplicación práctica demuestra la importancia de entender no solo cómo escanea NMAP, sino también cómo se comportan los sistemas defensivos ante diferentes patrones de tráfico.

El capítulo también destaca cómo las capacidades avanzadas se integran con otras funcionalidades de NMAP, como la detección de versiones, OS detection o el motor NSE.

En combinación, estas herramientas permiten obtener una visión mucho más completa y detallada de una infraestructura, incluso cuando los mecanismos de protección intentan ocultarla. Además, se analizan los riesgos y limitaciones inherentes al uso de estas técnicas, subrayando la necesidad de ejecutarlas con precaución y dentro de un marco ético y legal claramente definido.

En síntesis, este capítulo consolida al lector como un usuario avanzado de NMAP, capaz de operar en entornos hostiles, de evadir controles de seguridad y de obtener información crítica sin depender exclusivamente de métodos básicos.

Esta comprensión es esencial para avanzar hacia capítulos posteriores centrados en scripting, automatización y explotación estratégica de los resultados obtenidos mediante NMAP.

Capítulo 5: Scripting con NMAP

A medida que las infraestructuras tecnológicas se vuelven más complejas y las amenazas evolucionan a un ritmo acelerado, el análisis de seguridad ya no puede depender únicamente de escaneos estáticos o técnicas tradicionales.

Los auditores, analistas y pentesters necesitan herramientas capaces de adaptarse, automatizar tareas repetitivas y profundizar en comportamientos específicos dentro de una red. Es precisamente en este punto donde el **Nmap Scripting Engine (NSE)** se convierte en uno de los componentes más poderosos y versátiles de NMAP, transformándolo de un simple escáner de puertos en una plataforma de análisis avanzado altamente extensible.

El NSE permite ampliar las capacidades de NMAP mediante la ejecución de scripts escritos principalmente en Lua, diseñados para realizar tareas que van mucho más allá del descubrimiento de hosts o la identificación de servicios.

Estos scripts pueden ejecutar desde simples comprobaciones informativas hasta análisis complejos de vulnerabilidades, autenticación, enumeración detallada, auditorías de servicios específicos, pruebas de configuración y módulos diseñados para interactuar directamente con aplicaciones. Gracias al NSE, NMAP no solo identifica un servicio, sino que puede "hablar" con él, entenderlo y evaluar su comportamiento de manera profunda y automatizada.

A lo largo de este capítulo exploraremos cómo funciona internamente el motor de scripting, qué papel desempeña en el flujo de ejecución de un escaneo y cómo se integra con el resto de funcionalidades de NMAP.

Analizaremos las **categorías oficiales de scripts**, desde *safe, default* y *auth*, hasta *exploit, vuln* y *intrusive*, entendiendo el propósito de cada una y en qué escenarios su uso es adecuado o arriesgado. Esto permitirá al lector tomar decisiones informadas al seleccionar scripts, especialmente en entornos delicados donde una mala interacción puede generar interrupciones o falsear resultados.

También abordaremos la práctica real del uso del NSE en auditorías modernas. Veremos cómo los scripts permiten detectar vulnerabilidades conocidas, realizar fuerza bruta contra servicios que lo permiten, validar configuraciones débiles, enumerar

53

usuarios, verificar certificados inseguros, descubrir recursos ocultos, y un sinfín de acciones que normalmente requerirían múltiples herramientas externas.

La integración del NSE dentro del propio flujo de NMAP convierte estas tareas en algo natural, coherente y altamente automatizable.

Sin embargo, el verdadero potencial del NSE se manifiesta cuando se desarrollan scripts personalizados. Por ello, en este capítulo también aprenderás las bases para crear tus propios scripts: estructura, sintaxis en Lua, uso de librerías internas de NMAP, manejo de peticiones y respuestas, control del flujo y buenas prácticas de diseño.

Crear scripts personalizados permite adaptar NMAP a necesidades específicas, automatizar auditorías corporativas, extender pruebas internas, crear detectores de configuraciones propias o desarrollar herramientas especializadas para investigaciones de seguridad.

Este capítulo marcará un punto de inflexión en el aprendizaje del lector. Dominar el Nmap Scripting Engine no solo incrementa la capacidad analítica, sino que convierte a NMAP en una herramienta completamente ajustable al contexto, escalable a entornos complejos y adecuada para auditorías de amplio alcance.

Al finalizarlo, el lector estará preparado para utilizar, entender y crear scripts, integrando el NSE como parte esencial de su arsenal profesional.

5.1. Introducción al NSE

El NSE es un motor de scripting integrado en NMAP que utiliza el lenguaje de programación **Lua**, conocido por su ligereza y flexibilidad. Esta funcionalidad permite automatizar y profundizar en los análisis de red.

Características principales del NSE

- **Flexibilidad**: Los scripts pueden realizar tareas como recopilación de información, detección de vulnerabilidades y pruebas de explotación.
- **Extensibilidad**: Los usuarios pueden crear scripts personalizados para necesidades específicas.
- **Integración**: Los scripts NSE se ejecutan como parte del flujo normal de NMAP, combinando resultados estándar con los datos generados por los scripts.

Ejecución básica de scripts

Para usar scripts NSE, se utiliza la opción --script seguida del nombre del script o grupo de scripts.

nmap --script <nombre_script> <objetivo>

Ubicación de los scripts

- Los scripts NSE están almacenados en el directorio /usr/share/nmap/scripts/ o equivalente según la instalación.
- Los scripts oficiales son mantenidos y actualizados regularmente por la comunidad de NMAP.

Ejemplo básico de uso:

nmap --script http-title 192.168.1.1

Este comando ejecuta un script que obtiene el título de una página web en el puerto HTTP.

5.2. Categorías de scripts en NSE

Los scripts NSE están organizados en categorías, cada una diseñada para abordar un aspecto específico de la exploración de redes y seguridad. Esto permite a los usuarios seleccionar scripts relevantes según el objetivo de su análisis.

1. Scripts de Vuln

- Diseñados para detectar vulnerabilidades conocidas en servicios o sistemas operativos.
- Ejemplo: vuln

nmap --script vuln 192.168.1.1

Detecta vulnerabilidades comunes en el host objetivo.

2. Scripts de Exploit

- Intentan explotar vulnerabilidades identificadas para probar su impacto.
- Ejemplo: msrpc-enum

nmap --script msrpc-enum 192.168.1.1

Explota vulnerabilidades en servicios MSRPC.

3. Scripts de Auth

- Prueban autenticaciones en servicios, incluyendo validación de credenciales y enumeración de usuarios.
- Ejemplo: ssh-auth-methods

nmap --script ssh-auth-methods 192.168.1.1

Identifica métodos de autenticación soportados por un servicio SSH.

4. Scripts de Discovery

- Realizan tareas de reconocimiento y mapeo, como detectar hosts, servicios o redes.
- Ejemplo: broadcast-dhcp-discover

nmap --script broadcast-dhcp-discover

Envía solicitudes DHCP para detectar servidores DHCP activos.

5. Scripts de Intrusión o Malware

- Analizan hosts en busca de indicadores de compromisos o configuraciones maliciosas.
- Ejemplo: malware-detect

nmap --script malware-detect 192.168.1.1

Busca archivos o configuraciones asociadas con malware.

6. Scripts de Información (Info)

- Recopilan datos generales sobre el host objetivo, como versiones de software o metadatos.
- Ejemplo: http-title

nmap --script http-title 192.168.1.1

Obtiene el título de una página web.

7. Scripts personalizados

- Los usuarios pueden agregar scripts personalizados para necesidades específicas no cubiertas por los oficiales.

5.3. Uso de scripts populares para auditorías de seguridad

En auditorías de seguridad, ciertos scripts NSE son particularmente útiles debido a su eficacia para identificar problemas comunes. A continuación, se presentan ejemplos prácticos:

1. **vulners:** Busca vulnerabilidades conocidas mediante la integración con bases de datos como CVE.

nmap --script vulners 192.168.1.1

2. **ssl-enum-ciphers:** Verifica configuraciones SSL/TLS para identificar cifrados débiles o inseguros.

nmap --script ssl-enum-ciphers -p 443 192.168.1.1

3. **smb-enum-shares:** Enumera recursos compartidos en servidores SMB.

nmap --script smb-enum-shares 192.168.1.1

4. **ftp-anon:** Detecta configuraciones de acceso anónimo en servidores FTP.

nmap --script ftp-anon 192.168.1.1

5. **http-enum:** Enumera directorios y recursos comunes en servidores HTTP.

nmap --script http-enum -p 80 192.168.1.1

5.4. Creación y personalización de scripts NSE

Crear scripts NSE personalizados permite a los usuarios realizar análisis específicos adaptados a sus necesidades. La escritura de scripts NSE requiere conocimientos básicos del lenguaje **Lua** y de la API de NMAP.

Estructura básica de un script NSE

Un script NSE consta de las siguientes secciones principales:

Descripciones y categorías: Especifica el propósito del script y las categorías a las que pertenece.

```
description = [[
Este script detecta configuraciones inseguras en servicios HTTP.
]]
categories = {"safe", "discovery"}
```

Dependencias: Define las librerías necesarias, como nmap, shortport, etc.

```
require 'nmap'
require 'shortport'
```

Regla de ejecución: Define cuándo debe ejecutarse el script.

```
portrule = shortport.port_or_service(80, "http")
```

Función principal: Implementa la lógica del script.

```
action = function(host, port)
    return "Puerto HTTP detectado: " .. port.number
end
```

Ejemplo completo de un script simple

```
description = [[
Este script detecta puertos HTTP abiertos y devuelve un mensaje.
]]
categories = {"safe", "discovery"}
require 'nmap'
require 'shortport'

portrule = shortport.port_or_service(80, "http")

action = function(host, port)
    return "Puerto HTTP detectado en: " .. port.number
end
```

Ejecución del script personalizado

Guardar el script en el directorio de scripts (/usr/share/nmap/scripts/) y ejecutarlo:

```
nmap --script http-detect 192.168.1.1
```

El Nmap Scripting Engine (NSE) amplía significativamente las capacidades de NMAP, permitiendo realizar análisis avanzados, automatizar tareas complejas y personalizar pruebas de seguridad. Su integración con Lua facilita la creación de scripts específicos, mientras que su amplia biblioteca de scripts predefinidos cubre una gran variedad de escenarios, desde auditorías de seguridad hasta detección de vulnerabilidades. Dominar el NSE es esencial para los profesionales que buscan maximizar el potencial de NMAP en análisis de red y ciberseguridad.

5.5. Algunos ejemplos de scripts NSE creados por usuarios

En entornos donde se realizan auditorías de seguridad frecuentes o análisis de red complejos, la **automatización** se convierte en un elemento clave para optimizar el tiempo y garantizar la consistencia en los resultados. El Nmap Scripting Engine (NSE) permite no solo ejecutar scripts individuales, sino también integrar múltiples scripts en flujos automatizados que aborden tareas específicas de manera eficiente.

En este apartado, exploraremos cómo utilizar NSE para automatizar tareas repetitivas, integrar scripts en procesos más amplios y mejorar la productividad en análisis de seguridad. La automatización mediante NSE es especialmente útil en escenarios como:

- **Auditorías periódicas**: Donde se necesita realizar escaneos regulares con scripts predefinidos.
- **Pruebas de penetración**: Para ejecutar secuencias específicas de escaneos avanzados.
- **Análisis masivo**: En redes grandes, donde ejecutar scripts manualmente para cada host sería ineficiente.

El NSE no solo facilita el análisis automatizado, sino que también permite generar reportes detallados, combinar datos de múltiples scripts y personalizar tareas según las necesidades del entorno o del equipo de seguridad. A continuación, se detallarán estrategias y ejemplos prácticos para maximizar el potencial del NSE en la automatización.

Script: Detectar servidores HTTP con encabezados específicos

Este script identifica servidores HTTP que incluyen un encabezado personalizado o específico, como X-Powered-By, para detectar tecnologías subyacentes.

```
description = [[
Este script detecta encabezados HTTP específicos, como "X-Powered-By".
```

```
]]
categories = {"discovery", "safe"}
require 'http'
require 'shortport'

portrule = shortport.port_or_service(80, "http")

action = function(host, port)
    local response = http.get(host, port, "/")
    if response and response.header then
        local poweredBy = response.header["x-powered-by"]
        if poweredBy then
            return "X-Powered-By detectado: " .. poweredBy
        else
            return "Encabezado X-Powered-By no encontrado."
        end
    end
    return "No se obtuvo respuesta del servidor HTTP."
end
```

Uso: nmap --script http-powered-by-detect -p 80 192.168.1.1

Script: Escaneo de contraseñas predeterminadas en MySQL

Este script intenta autenticarse en un servidor MySQL utilizando un conjunto de credenciales predeterminadas comunes.

```
description = [[
Este script intenta iniciar sesión en MySQL con contraseñas
predeterminadas.
]]
categories = {"auth", "intrusive"}
require 'shortport'
require 'nmap'

portrule = shortport.port_or_service(3306, "mysql")

action = function(host, port)
    local creds = {
        {user="root", pass="root"},
```

```
    {user="root", pass=""},
    {user="admin", pass="admin"},
    {user="admin", pass="1234"}
}

for _, cred in ipairs(creds) do
    local status = nmap.mysql_login(host, port, cred.user, cred.pass)
    if status then
        return "Credenciales válidas: Usuario: " .. cred.user .. "
Contraseña: " .. cred.pass
    end
end
return "No se encontraron credenciales válidas."
end
```

Uso: nmap --script mysql-default-creds -p 3306 192.168.1.1

Script: Identificar configuraciones inseguras de FTP (Permiso de acceso anónimo)

Este script verifica si un servidor FTP permite acceso anónimo y enumera los directorios disponibles.

```
description = [[
Verifica si el acceso anónimo está habilitado en un servidor FTP.
]]
categories = {"discovery", "safe"}
require 'shortport'
require 'ftp'

portrule = shortport.port_or_service(21, "ftp")

action = function(host, port)
    local conn = ftp.open(host, port)
    if not conn then
        return "No se pudo conectar al servidor FTP."
    end
    local success, response = conn:login("anonymous",
"anonymous@example.com")
    if success then
```

```
    local dirs = conn:list()
    conn:close()
    return "Acceso anónimo habilitado. Directorios: \n" ..
table.concat(dirs, "\n")
  else
    conn:close()
    return "Acceso anónimo no permitido."
  end
end
```

Uso: nmap --script ftp-anonymous-check -p 21 192.168.1.1

Script: Identificar hosts con SNMP habilitado

Este script intenta realizar una consulta SNMP para identificar información básica del sistema, como el nombre del host y la descripción del sistema.

```
description = [[
Realiza una consulta SNMP para extraer información básica del
sistema.
]]
categories = {"discovery", "intrusive"}
require 'snmp'
require 'shortport'

portrule = shortport.port_or_service(161, "snmp")

action = function(host, port)
  local community = "public"
  local response = snmp.get(host, port, "1.3.6.1.2.1.1.1.0",
community)
  if response then
    return "SNMP habilitado: " .. response
  else
    return "No se pudo obtener información SNMP."
  end
end
```

Uso: nmap --script snmp-info -p 161 192.168.1.1

Script: Escaneo de configuración de certificados SSL

Este script analiza un servidor HTTPS para verificar si utiliza certificados SSL expuestos o inseguros.

```
description = [[
Analiza certificados SSL para identificar configuraciones inseguras.
]]
categories = {"vuln", "safe"}
require 'shortport'
require 'openssl'

portrule = shortport.port_or_service(443, "https")

action = function(host, port)
    local status, cert = openssl.cert(host, port)
    if not status then
        return "No se pudo obtener el certificado SSL."
    end

    local result = {}
    table.insert(result, "Emitido por: " .. cert.issuer)
    table.insert(result, "Válido desde: " .. cert.start_date)
    table.insert(result, "Expira el: " .. cert.expire_date)

    if cert.expired then
        table.insert(result, "El certificado ha expirado.")
    end

    if cert.self_signed then
        table.insert(result, "El certificado es autofirmado.")
    end
    return table.concat(result, "\n")
end
```

Uso: nmap --script ssl-cert-check -p 443 192.168.1.1

Estos ejemplos muestran la flexibilidad del Nmap Scripting Engine (NSE) y su capacidad para abordar tareas específicas de análisis de red y seguridad. Puedes modificar y personalizar estos scripts según tus necesidades, o utilizarlos como base para desarrollar nuevos scripts más avanzados.

Para integrarlos, asegúrate de guardarlos en el directorio de scripts de NMAP (/usr/share/nmap/scripts/) y pruébalos en un entorno controlado antes de usarlos en redes de producción.

Capítulo 6: NMAP en Auditorías de Seguridad

En el ámbito de la ciberseguridad, una auditoría eficaz depende de la capacidad del analista para obtener una visión precisa, completa y contextualizada del entorno evaluado. Ninguna decisión técnica es sólida sin una base informativa adecuada, y es precisamente en esa primera fase —la fase de reconocimiento y enumeración— donde NMAP se convierte en una herramienta crítica.

Más que un simple escáner de puertos, NMAP actúa como un sensor avanzado capaz de revelar la superficie de exposición de una infraestructura, identificar configuraciones débiles y proporcionar datos esenciales que alimentan todo el proceso de auditoría.

En este capítulo exploraremos el papel de NMAP como piedra angular en auditorías de seguridad profesionales. Veremos cómo permite realizar un mapeo detallado de redes, detectar hosts activos, identificar servicios expuestos y correlacionar esta información con posibles vulnerabilidades. Su capacidad para combinar escaneos básicos con técnicas avanzadas —incluyendo evasión, análisis profundo de versiones y uso de scripts NSE— lo convierte en una herramienta ideal para auditorías tanto internas como externas, independientemente del tamaño o la complejidad de la infraestructura.

Las auditorías modernas requieren mucho más que un listado de puertos abiertos. El analista debe ser capaz de interpretar patrones, entender la lógica detrás del comportamiento de los servicios, evaluar configuraciones, identificar riesgos potenciales y relacionarlos con estándares y marcos normativos como ISO 27001, PCI-DSS, ENS u otros modelos de cumplimiento.

NMAP contribuye de manera decisiva a estas tareas mediante funcionalidades como la detección de versiones vulnerables, la identificación de servicios obsoletos, el mapeo de topologías y la ejecución de scripts diseñados específicamente para auditorías.

A lo largo de este capítulo estudiaremos cómo integrar NMAP dentro de metodologías formales de auditoría, desde la planificación y definición del alcance hasta la correlación de resultados y la generación de informes accionables.

Mostraremos cómo combinarlo con otras herramientas —como gestores de vulnerabilidades, sistemas SIEM, analizadores de tráfico y frameworks de explotación— para convertir sus resultados en una visión coherente del estado de seguridad de la organización. También veremos cómo automatizar procesos usando scripting, pipelines y sistemas de reporting que permiten ejecutar auditorías periódicas de forma eficiente y reproducible.

Al finalizar este capítulo, el lector comprenderá cómo utilizar NMAP como una herramienta estratégica en auditorías de seguridad, no solo para recopilar información, sino para interpretarla correctamente y transformarla en decisiones técnicas informadas. Dominar NMAP en este contexto significa elevar la calidad, precisión y profundidad de las auditorías, garantizando que cada análisis comience con una base sólida y profesional.

6.1. Análisis de vulnerabilidades con NMAP

Uno de los usos más comunes de NMAP en auditorías es la detección de vulnerabilidades en sistemas y servicios. Mediante scripts especializados del Nmap Scripting Engine (NSE), es posible identificar configuraciones inseguras, software desactualizado y fallas explotables.

1. Uso de scripts de detección de vulnerabilidades

NMAP cuenta con una amplia gama de scripts NSE orientados a la identificación de vulnerabilidades conocidas. Estos scripts consultan bases de datos de vulnerabilidades, como CVE (Common Vulnerabilities and Exposures), para comparar las versiones de servicios detectados con fallas publicadas.

Ejemplo de comando:

nmap --script vuln 192.168.1.1

Ejecuta una serie de scripts NSE relacionados con vulnerabilidades, como smb-vuln-ms17-010 (EternalBlue) y ssl-enum-ciphers.

2. Escaneos dirigidos a servicios específicos

NMAP permite enfocar los escaneos en servicios críticos. Esto es útil para evaluar tecnologías específicas como SMB, SSH, HTTP o bases de datos.

Ejemplo: Evaluar SMB por vulnerabilidades

nmap --script smb-vuln* -p 445 192.168.1.1

Verifica vulnerabilidades comunes en servicios SMB, como ms17-010 o configuraciones débiles.

Ejemplo: Escanear servidores web por vulnerabilidades SSL

nmap --script ssl-enum-ciphers -p 443 192.168.1.1

Enumera cifrados SSL inseguros y detecta vulnerabilidades relacionadas con TLS.

3. Ventajas de usar NMAP para análisis de vulnerabilidades

- **Rapidez y ligereza:** NMAP es menos pesado que herramientas específicas de análisis de vulnerabilidades, lo que permite obtener resultados iniciales rápidamente.
- **Flexibilidad:** Puede ejecutarse en redes internas o externas, adaptándose a diversos escenarios.
- **Complementariedad:** Los resultados de NMAP pueden integrarse con herramientas más avanzadas para pruebas de penetración.

6.2. Ejemplos prácticos: Auditorías en redes corporativas

Las auditorías en redes corporativas suelen ser complejas debido al tamaño y diversidad de las infraestructuras. NMAP permite automatizar y simplificar procesos en distintos escenarios. A continuación, se presentan ejemplos prácticos:

1. Escaneo inicial para mapeo de la red

El primer paso en cualquier auditoría es descubrir hosts activos y mapear la red. NMAP facilita este proceso mediante escaneos de descubrimiento y mapeo.

Ejemplo: Descubrimiento de hosts activos

nmap -sn 192.168.0.0/24

Identifica dispositivos activos en la red sin realizar escaneos de puertos.

2. Evaluación de configuraciones de firewall

En redes corporativas, es común evaluar si las reglas de firewall están correctamente configuradas para bloquear puertos no autorizados.

Ejemplo: Escaneo de puertos filtrados

nmap -Pn --reason 192.168.1.1

Detecta si puertos están abiertos, cerrados o filtrados, indicando posibles configuraciones incorrectas.

3. Detección de servidores con software vulnerable

En redes empresariales, identificar servidores que ejecutan software desactualizado o inseguro es clave para prevenir ataques.

Ejemplo: Escaneo de servicios y versiones

nmap -sV --script vuln 192.168.1.0/24

Detecta servicios, versiones y posibles vulnerabilidades en todos los hosts de la subred.

4. Evaluación de seguridad en servicios críticos

SMTP (Correo): Verificar configuraciones inseguras.

nmap --script smtp-open-relay -p 25 192.168.1.1

DNS: Identificar vulnerabilidades en servidores DNS.

```
nmap --script dns-zone-transfer -p 53 192.168.1.1
```

5. Reportes para equipos de TI

Los resultados obtenidos con NMAP deben presentarse en formatos entendibles para el equipo de TI. Usar opciones como -oX (XML) o -oG (grepable) permite generar reportes fácilmente integrables con otras herramientas o sistemas.

Ejemplo: Exportar resultados en formato XML

```
nmap -sV -oX resultados.xml 192.168.1.0/24
```

6.3. Integración de NMAP con otras herramientas

NMAP se integra fácilmente con otras herramientas para potenciar su capacidad en auditorías de seguridad, pruebas de penetración y generación de reportes avanzados.

1. Metasploit

NMAP es una herramienta clave en la fase de reconocimiento de pruebas de penetración, y los datos generados por NMAP pueden importarse en Metasploit.

Importar resultados de NMAP a Metasploit:

```
db_import resultados.xml
```

Una vez importados, los hosts y servicios detectados pueden usarse para planificar exploits en Metasploit.

2. Nessus

Nessus es una herramienta avanzada de detección de vulnerabilidades. Los resultados iniciales de NMAP pueden guiar el enfoque de los escaneos de Nessus.

Integración práctica:

- Realiza un descubrimiento inicial con NMAP.
- Utiliza la lista de hosts activos y servicios detectados como entrada para Nessus.

3. OpenVAS

OpenVAS complementa a NMAP al proporcionar análisis detallados de vulnerabilidades con reportes enriquecidos.

Uso conjunto:

- Ejecuta escaneos NMAP para identificar servicios básicos.
- Configura OpenVAS para escanear vulnerabilidades en los hosts identificados.

4. Scripts personalizados y pipelines

NMAP puede integrarse en pipelines personalizados mediante scripts y herramientas de automatización como Python o Bash.

Ejemplo: Automatización con Python

```
import subprocess
# Ejecutar un escaneo NMAP
nmap_cmd = ["nmap", "-sV", "192.168.1.0/24"]
subprocess.run(nmap_cmd)
# Procesar resultados con herramientas adicionales
```

6.4. Generación de informes automatizados

Una auditoría de seguridad efectiva debe culminar en un informe detallado y comprensible. NMAP facilita la generación de informes en múltiples formatos que pueden integrarse en herramientas de reportes.

1. Exportación en formatos compatibles

XML: Ideal para integrar con otras herramientas.

```
nmap -sV -oX reporte.xml 192.168.1.0/24
```

Grepable: Útil para filtrar y procesar datos rápidamente.

```
nmap -sV -oG reporte.txt 192.168.1.0/24
```

HTML: Usando herramientas externas como xsltproc para convertir XML a HTML.

```
xsltproc -o reporte.html /usr/share/nmap/nmap.xsl reporte.xml
```

2. Automatización con scripts

Es posible automatizar por completo la ejecución de NMAP mediante scripts que permiten programar escaneos recurrentes, adaptar parámetros dinámicamente y personalizar cada análisis según las necesidades de la auditoría.

Del mismo modo, también puede automatizarse la generación de informes, creando salidas estructuradas y consistentes que recopilan los resultados y los transforman en documentación lista para su revisión o integración con otras herramientas de seguridad.

Ejemplo en Bash:

```
#!/bin/bash

# Escaneo con NMAP
nmap -sV -oX resultados.xml 192.168.1.0/24

# Convertir resultados a HTML
xsltproc -o resultados.html /usr/share/nmap/nmap.xsl
resultados.xml

echo "Informe generado: resultados.html"
```

3. Integración con herramientas de reportes

- **LaTeX o Word:** Los resultados en formato XML pueden procesarse y convertir en documentos profesionales.
- **Herramientas de dashboards:** Importa datos de NMAP en herramientas como Splunk o Kibana para visualización interactiva.

NMAP es una herramienta esencial para auditorías de seguridad, proporcionando capacidades avanzadas para detectar vulnerabilidades, evaluar configuraciones y generar reportes detallados.

Su integración con otras herramientas y la posibilidad de automatizar procesos lo convierten en un aliado indispensable para analistas y equipos de seguridad.

Al combinar técnicas avanzadas con una adecuada generación de informes, NMAP permite realizar auditorías eficientes y efectivas en entornos corporativos.

Capítulo 7: NMAP en Pentesting

NMAP es una de las herramientas más importantes y versátiles utilizadas en pruebas de penetración (pentesting). Su capacidad para recopilar información detallada sobre redes, sistemas y servicios lo convierte en un recurso indispensable durante la fase inicial de reconocimiento, que sienta las bases para el éxito de un ataque controlado. Más allá del simple escaneo de puertos, NMAP permite identificar servicios vulnerables, mapear infraestructuras complejas y priorizar objetivos según su criticidad, lo que lo hace esencial para planificar estrategias efectivas.

En el contexto de pentesting, la fase de reconocimiento es clave para comprender la superficie de ataque disponible, y NMAP desempeña un papel central al proporcionar datos precisos y detallados sobre el entorno objetivo. A través de sus capacidades avanzadas, como el Nmap Scripting Engine (NSE) y las técnicas de evasión, NMAP permite no solo identificar configuraciones inseguras y software vulnerable, sino también operar en entornos donde los sistemas de detección (IDS/IPS) están diseñados para bloquear actividades sospechosas.

Este capítulo profundiza en cómo aprovechar las capacidades de NMAP en entornos de pentesting. Exploraremos desde las estrategias básicas de mapeo de redes hasta técnicas avanzadas de priorización de objetivos y análisis de vulnerabilidades, incluyendo el uso de ejercicios prácticos en escenarios simulados. Con un enfoque en la eficacia y la adaptabilidad, las técnicas discutidas en este capítulo permitirán a los pentesters maximizar el impacto de sus evaluaciones y proporcionar resultados que mejoren la seguridad de las organizaciones objetivo.

7.1. Reconocimiento y mapeo de redes objetivo

La primera etapa en un proceso de pentesting consiste en recopilar información sobre la red objetivo. NMAP facilita esta tarea mediante escaneos detallados para identificar hosts activos, servicios en ejecución y configuraciones de red.

75

1. Descubrimiento de hosts

El objetivo inicial es identificar los dispositivos activos en la red para enfocarse en ellos durante etapas posteriores.

Ejemplo: Descubrimiento de hosts activos en una subred

nmap -sn 192.168.1.0/24

Este comando identifica dispositivos activos en la subred sin realizar escaneos de puertos.

2. Identificación de puertos y servicios

Tras identificar los hosts activos, el siguiente paso es determinar qué servicios están disponibles en cada dispositivo.

Ejemplo: Escaneo SYN para detectar puertos abiertos

nmap -sS -p 1-1000 192.168.1.1

Este comando realiza un escaneo rápido y sigiloso de los 1000 puertos más comunes en el host objetivo.

Ejemplo: Detección de servicios y versiones

nmap -sV 192.168.1.1

Identifica los servicios en ejecución y sus versiones específicas, proporcionando pistas sobre posibles vulnerabilidades.

3. Mapeo de la topología de la red

NMAP también puede utilizarse para trazar la estructura de una red objetivo mediante opciones como --traceroute.

Ejemplo: Mapeo con traceroute

nmap --traceroute -sn 192.168.1.0/24

Genera un mapa de las rutas de red hacia los hosts activos.

7.2. Identificación de servicios vulnerables

El análisis de servicios es crucial para detectar posibles puntos débiles en la red objetivo. NMAP, combinado con scripts del NSE, permite realizar esta tarea de manera efectiva.

1. Escaneo de vulnerabilidades conocidas

NMAP puede detectar servicios vulnerables comparándolos con bases de datos de vulnerabilidades como CVE.

Ejemplo: Escaneo de vulnerabilidades generales

nmap --script vuln 192.168.1.1

Este comando ejecuta múltiples scripts NSE para identificar vulnerabilidades comunes, como configuraciones inseguras o software desactualizado.

2. Escaneo dirigido a servicios específicos

Los scripts NSE permiten enfocar el análisis en servicios clave.

Ejemplo: Detección de vulnerabilidades SMB

nmap --script smb-vuln* -p 445 192.168.1.1

Verifica si el servicio SMB está afectado por vulnerabilidades conocidas, como EternalBlue (ms17-010).

Ejemplo: Verificación de cifrados SSL inseguros

nmap --script ssl-enum-ciphers -p 443 192.168.1.1

Evalúa la configuración SSL/TLS para identificar cifrados débiles o inseguros.

3. Identificación de software desactualizado

Los escaneos de versiones (-sV) permiten comparar el software detectado con listas de software desactualizado.

Ejemplo:

nmap -sV --script vulners 192.168.1.1

Este script consulta bases de datos de CVE para correlacionar las versiones de los servicios con vulnerabilidades conocidas.

7.3. Técnicas para priorizar objetivos en un ataque

En redes grandes, es importante priorizar los objetivos más relevantes para optimizar el tiempo y los recursos durante un pentesting. NMAP ofrece herramientas y estrategias para identificar objetivos críticos.

1. Identificación de sistemas críticos

Los sistemas críticos suelen estar asociados con servicios esenciales para la organización, como servidores web, bases de datos y sistemas de correo.

Ejemplo: Focalización en puertos específicos

nmap -p 22,80,443,3306 192.168.1.0/24

Escanea puertos relacionados con SSH, HTTP, HTTPS y MySQL, típicamente asociados a servidores clave.

2. Análisis de vulnerabilidades críticas

Prioriza servicios que ejecutan software con vulnerabilidades de alto impacto.

Ejemplo: Evaluación de sistemas SMB vulnerables

nmap --script smb-vuln-ms17-010 -p 445 192.168.1.0/24

Identifica sistemas vulnerables a ataques relacionados con EternalBlue.

3. Detección de configuraciones inseguras

Configurar incorrectamente servicios críticos puede exponer la red a ataques.

Ejemplo: Verificar acceso anónimo en FTP

nmap --script ftp-anon -p 21 192.168.1.1

Detecta si el servidor FTP permite acceso anónimo, lo que podría ser un riesgo de seguridad.

4. Escaneos sigilosos para evitar detección

En pruebas de penetración reales, es importante minimizar la posibilidad de ser detectado por sistemas IDS/IPS.

Ejemplo: Escaneo sigiloso con técnicas de evasión

nmap -sS --data-length 32 --randomize-hosts -T1 192.168.1.0/24

Realiza un escaneo SYN sigiloso, agregando datos aleatorios a los paquetes y alterando el orden de los hosts.

7.4. Ejercicios prácticos: Escaneos en escenarios simulados

A continuación, presentamos ejercicios prácticos para aplicar las técnicas aprendidas en escenarios simulados de pentesting.

Escenario 1: Evaluación de seguridad en una subred

Objetivo: Identificar hosts activos y servicios vulnerables en una subred corporativa.

Comandos:

nmap -sn 192.168.1.0/24
nmap -sS -p 1-1000 192.168.1.0/24
nmap -sV --script vuln 192.168.1.0/24

Resultados esperados:

- Lista de hosts activos.
- Puertos abiertos y servicios en ejecución.
- Servicios vulnerables detectados.

Escenario 2: Detección de configuraciones inseguras

Objetivo: Identificar configuraciones inseguras en servicios SMB y FTP.

Comandos:

```
nmap --script smb-enum-shares -p 445 192.168.1.1
nmap --script ftp-anon -p 21 192.168.1.1
```

Resultados esperados:

- Recursos compartidos no protegidos en SMB.
- Configuración de acceso anónimo en FTP.

Escenario 3: Análisis de servidores web

Objetivo: Detectar vulnerabilidades en servidores HTTP y HTTPS.

Comandos:

```
nmap -p 80,443 -sV 192.168.1.2
nmap --script http-enum,http-title -p 80 192.168.1.2
nmap --script ssl-enum-ciphers -p 443 192.168.1.2
```

Resultados esperados:

- Recursos web disponibles (directorios, aplicaciones).
- Título del sitio web principal.
- Evaluación de configuraciones SSL/TLS.

NMAP es una herramienta indispensable en pruebas de penetración, proporcionando capacidades avanzadas para el reconocimiento, análisis de vulnerabilidades y priorización de objetivos. Su flexibilidad permite adaptarse a una amplia variedad de escenarios, desde auditorías rápidas hasta simulaciones complejas. Dominar estas técnicas garantiza que los pentesters puedan identificar y explotar de manera efectiva los puntos débiles en una red, contribuyendo a mejorar la seguridad de las infraestructuras evaluadas.

Capítulo 8: NMAP en Análisis y Monitoreo de Redes

NMAP es ampliamente reconocido por sus capacidades en la ciberseguridad ofensiva, como el escaneo de vulnerabilidades y pruebas de penetración. Sin embargo, su versatilidad y potencia también lo posicionan como una herramienta clave en el análisis y monitoreo de redes. En el ámbito de la administración y gestión de infraestructuras, NMAP permite a los administradores obtener información precisa y detallada sobre el estado de sus redes, identificar dispositivos conectados, monitorear servicios esenciales y detectar configuraciones inusuales que podrían indicar problemas de seguridad o rendimiento.

El uso de NMAP en análisis y monitoreo de redes va más allá del descubrimiento inicial. Su capacidad para realizar escaneos programados, generar inventarios actualizados, comparar configuraciones y detectar cambios inesperados es fundamental en entornos dinámicos donde los dispositivos y servicios pueden fluctuar constantemente. Además, NMAP es una herramienta valiosa para mantener la continuidad operativa, ayudando a los equipos de TI a garantizar que los sistemas críticos estén siempre accesibles y funcionando correctamente.

En este capítulo, exploraremos cómo aprovechar NMAP en tareas específicas de monitoreo activo, creación de inventarios detallados, detección de anomalías y, lo que es aún más importante, cómo integrarlo con plataformas de monitoreo avanzadas como Zabbix, Nagios y otras. Este enfoque integral permitirá a los administradores no solo supervisar sus redes de manera efectiva, sino también anticiparse a problemas y responder rápidamente a incidentes, optimizando la seguridad y la estabilidad de la infraestructura tecnológica.

8.1. Monitorización de redes activas

El monitoreo de redes activas implica la vigilancia constante de dispositivos conectados, servicios en ejecución y posibles cambios en la infraestructura. NMAP puede emplearse para obtener una visión actualizada de la red, detectar dispositivos nuevos o inesperados, y garantizar que los servicios esenciales estén operativos.

1. Realizar escaneos regulares

Los escaneos periódicos permiten a los administradores mantener un mapa actualizado de la red.

Ejemplo: Escaneo regular de hosts activos

nmap -sn 192.168.1.0/24

Identifica los dispositivos activos en la subred sin realizar un escaneo de puertos.

Automatización con cron:

Programa escaneos automáticos utilizando un cron job:

```
crontab -e
# Agrega la siguiente línea para ejecutar el escaneo cada hora:
0 * * * * nmap -sn 192.168.1.0/24 -oN /var/log/nmap_scan.log
```

2. Verificación de servicios críticos

Para garantizar la continuidad operativa, es esencial monitorear servicios clave en servidores y dispositivos.

Ejemplo: Monitorear puertos específicos

83

nmap -p 80,443,22 192.168.1.1

Verifica que los servicios HTTP, HTTPS y SSH estén activos en un servidor.

3. Monitorización de cambios

NMAP puede detectar dispositivos nuevos o cambios en la configuración de la red.

Ejemplo: Comparar escaneos para detectar diferencias

```
nmap -oX scan1.xml 192.168.1.0/24
# Realiza un segundo escaneo después de un tiempo
nmap -oX scan2.xml 192.168.1.0/24
# Usa la herramienta ndiff para comparar
ndiff scan1.xml scan2.xml
```

Este enfoque destaca cambios en los dispositivos, puertos y servicios entre dos escaneos.

8.2. Inventario y gestión de dispositivos

El inventario de dispositivos es un paso fundamental para gestionar redes eficientemente. NMAP facilita la creación de inventarios detallados, proporcionando información sobre dispositivos, sistemas operativos y servicios en ejecución.

1. Generar un inventario básico

NMAP puede escanear una red y generar un listado de todos los dispositivos activos.

Ejemplo: Escaneo con información básica

nmap -sn 192.168.1.0/24 -oG inventory.txt

Exporta un listado de dispositivos activos en un formato fácilmente procesable.

2. Detectar sistemas operativos y nombres de host

La detección de sistemas operativos (OS Fingerprinting) y nombres de host es útil para identificar qué dispositivos están conectados y qué roles cumplen.

Ejemplo: Escaneo con detección de OS y nombres de host

nmap -O -sL 192.168.1.0/24

Proporciona detalles sobre los sistemas operativos y nombres de host.

3. Inventarios detallados con scripts NSE

Los scripts NSE permiten recopilar información específica sobre dispositivos.

Ejemplo: Detectar dispositivos con SNMP habilitado

nmap --script snmp-info -p 161 192.168.1.0/24

Recopila información sobre dispositivos que ejecutan el protocolo SNMP.

4. Exportación para herramientas de gestión

Los resultados de NMAP pueden exportarse en formatos compatibles con herramientas de gestión de inventarios.

Ejemplo: Exportar en formato XML

nmap -sV -oX inventory.xml 192.168.1.0/24

NMAP en Pentesting, Auditoría y Análisis de Redes

Este formato puede integrarse con sistemas de gestión de inventarios personalizados.

8.3. Detección de anomalías en redes locales

Las redes locales pueden estar expuestas a dispositivos o configuraciones inesperadas que representan un riesgo de seguridad o una interrupción operativa. NMAP puede ayudar a identificar estas anomalías.

1. Detección de dispositivos desconocidos

NMAP puede identificar dispositivos que no deberían estar en la red. Ejemplo: Comparación con un inventario conocido

Realiza un escaneo actual y compáralo con un inventario anterior utilizando ndiff:

ndiff baseline.xml current.xml

Detecta dispositivos nuevos que no estaban presentes en el escaneo base.

2. Identificación de puertos abiertos inesperados

Los puertos abiertos en dispositivos de la red pueden ser indicadores de configuraciones incorrectas o compromisos.

Ejemplo: Escaneo de puertos abiertos

nmap -p- 192.168.1.1

Escanea todos los puertos de un dispositivo para identificar servicios desconocidos.

3. Análisis de tráfico sospechoso

Los dispositivos mal configurados o comprometidos pueden ejecutar servicios inusuales.

Ejemplo: Verificación de servicios maliciosos

nmap --script malware-detect 192.168.1.1

Detecta configuraciones asociadas con malware.

4. Monitoreo de configuraciones críticas

Evalúa configuraciones específicas que podrían estar mal configuradas.

Ejemplo: Detección de acceso anónimo en FTP

nmap --script ftp-anon -p 21 192.168.1.0/24

Identifica servidores FTP que permiten acceso anónimo.

8.4. Integración con plataformas de monitoreo (Zabbix, Nagios, etc.)

Las plataformas de monitoreo como Zabbix y Nagios permiten supervisar redes de manera continua. NMAP puede integrarse con estas plataformas para complementar sus capacidades.

1. Uso de scripts personalizados

Es posible usar scripts NMAP automatizados como complementos en herramientas de monitoreo.

Ejemplo: Configurar un script para Nagios

Crea un script para verificar puertos:

```
#!/bin/bash
nmap -p $1 $2 | grep "open"
```

Configura Nagios para ejecutar el script como un chequeo personalizado.

2. Generación de datos para Zabbix

Los resultados de NMAP pueden integrarse con Zabbix para generar métricas de red.

Ejemplo: Exportar resultados para Zabbix

Realiza un escaneo y exporta resultados en JSON:

```
nmap -oJ resultados.json 192.168.1.0/24
```

Usa un script para procesar los datos y enviarlos a Zabbix.

3. Monitoreo de hosts específicos

NMAP puede complementar plataformas de monitoreo para verificar configuraciones específicas.

Ejemplo: Verificación de configuraciones SSL en servidores web

Configura un chequeo de Nagios:

```
nmap --script ssl-enum-ciphers -p 443 $HOST
```

4. Automatización y reportes

Los resultados de NMAP pueden integrarse con dashboards en plataformas de monitoreo para visualización continua.

Ejemplo: Generar reportes gráficos

Exporta resultados de NMAP y utiliza herramientas como Grafana para mostrar cambios en los servicios o dispositivos en tiempo real.

NMAP es una herramienta versátil y poderosa para el análisis y monitoreo de redes. Desde el descubrimiento de dispositivos hasta la detección de anomalías y la integración con plataformas avanzadas, NMAP proporciona a los administradores de sistemas las herramientas necesarias para gestionar y supervisar redes de manera efectiva.

Su flexibilidad lo convierte en un complemento esencial para plataformas como Zabbix y Nagios, ofreciendo capacidades adicionales para mantener la seguridad y estabilidad de la infraestructura.

Capítulo 9: Optimización y Automatización con NMAP

NMAP es una herramienta excepcionalmente poderosa, pero su verdadera utilidad se manifiesta cuando se optimiza y automatiza para manejar escenarios complejos, como el análisis de grandes redes o su integración en flujos de trabajo modernos. Aunque su funcionalidad por defecto es suficiente para muchos casos, los entornos más exigentes, como redes extensas o sistemas que requieren respuestas rápidas y eficientes, pueden beneficiarse enormemente de estrategias de optimización y automatización. Este capítulo explora cómo llevar NMAP al siguiente nivel, haciéndolo más rápido, escalable y adaptable a flujos de trabajo avanzados.

El manejo de redes grandes, por ejemplo, exige más que simples escaneos básicos. Aquí es donde NMAP brilla con opciones específicas diseñadas para realizar escaneos masivos, reduciendo la carga en los sistemas y priorizando la eficiencia sin sacrificar precisión. Además, el tiempo que lleva un escaneo puede variar ampliamente dependiendo de factores como la cantidad de hosts, el número de puertos analizados y las configuraciones de red. Ajustar cuidadosamente las opciones de tiempo y paralelismo de NMAP permite a los usuarios obtener resultados detallados en una fracción del tiempo requerido por configuraciones estándar.

La automatización también juega un papel crucial, especialmente en tareas repetitivas o integradas en entornos de monitoreo continuo y pruebas automatizadas. Con la ayuda de scripts y herramientas externas, NMAP puede configurarse para ejecutarse de manera periódica, realizar análisis personalizados y exportar resultados que se integren directamente en sistemas de gestión. Más aún, la era de la integración y el despliegue continuo (CI/CD) ofrece oportunidades emocionantes para incluir NMAP como parte de pipelines de desarrollo, mejorando la seguridad y la fiabilidad desde las primeras etapas de un proyecto.

Este capítulo comienza explorando cómo manejar escaneos masivos en grandes redes, abordando los desafíos técnicos y ofreciendo estrategias para maximizar la cobertura. Luego, profundiza en métodos para optimizar los tiempos de escaneo, haciendo uso de plantillas de tiempo y técnicas avanzadas de paralelización. Posteriormente, se aborda la automatización, destacando cómo los scripts personalizados y herramientas externas pueden transformar NMAP en una solución completamente autónoma. Finalmente, se examina el uso de NMAP en pipelines de CI/CD, mostrando cómo integrarlo en el ciclo de vida del desarrollo de software para garantizar que los entornos sean seguros antes de cada despliegue.

Con esta visión, el lector podrá descubrir cómo sacar el máximo provecho de NMAP, no solo como una herramienta de análisis, sino como una parte integral de la gestión moderna de redes y sistemas. La optimización y automatización no solo ahorran tiempo y esfuerzo, sino que también amplían significativamente el alcance y la utilidad de NMAP en escenarios complejos y exigentes.

9.1. Escaneos masivos: Opciones para grandes redes

Analizar redes grandes con NMAP puede ser un desafío, especialmente cuando se requiere evaluar miles de hosts sin comprometer la precisión de los resultados ni sobrecargar la red o el sistema que ejecuta el escaneo. Las redes corporativas, gubernamentales y de centros de datos presentan este tipo de complejidades, donde un escaneo ineficiente puede generar problemas de rendimiento o tiempo excesivo para completar el análisis. Sin embargo, NMAP ofrece diversas opciones y técnicas diseñadas específicamente para manejar estas situaciones, permitiendo escaneos escalables, rápidos y precisos en entornos de gran tamaño.

Equilibrio entre velocidad y precisión

El principal desafío al realizar escaneos masivos es encontrar un punto medio entre la rapidez en la obtención de resultados y la exhaustividad del análisis. Si bien los escaneos rápidos son útiles para obtener una visión inicial de la red, es posible que no detecten detalles importantes. Por otro lado, un escaneo profundo en redes grandes puede tomar horas o incluso días, lo que podría no ser práctico en situaciones críticas.

Para abordar este problema, NMAP ofrece configuraciones que permiten ajustar la velocidad y la profundidad del escaneo según las necesidades específicas, optimizando el uso de recursos sin sacrificar la calidad de los resultados.

1. Segmentación de redes

La segmentación de la red es una estrategia clave para realizar escaneos masivos de manera eficiente. En lugar de analizar una red entera de forma continua, se dividen las tareas en bloques más pequeños que pueden procesarse en paralelo o secuencialmente.

Beneficios de la segmentación:

- **Reducción de carga:** Evita que un solo escaneo consuma demasiados recursos en el sistema o en la red.
- **Mejor gestión:** Permite priorizar segmentos críticos, como subredes que contienen servidores esenciales.
- **Escalabilidad:** Facilita el manejo de redes de miles de hosts dividiendo el rango IP en porciones más pequeñas.

Ejemplo práctico: En lugar de escanear toda la red 10.0.0.0/8 en un solo comando, se puede dividir en bloques más pequeños, como 10.0.0.0/16, y escanearlos individualmente:

```
nmap -sn 10.0.0.0/16
nmap -sn 10.1.0.0/16
```

Además, herramientas externas o scripts en Bash pueden automatizar esta segmentación y ejecución en paralelo para maximizar la eficiencia.

2. Plantillas de tiempo y escaneos rápidos

NMAP ofrece plantillas de tiempo (-T) que ajustan automáticamente las configuraciones del escaneo para equilibrar velocidad y precisión. Estas plantillas son particularmente útiles en redes grandes donde el tiempo es un factor crítico.

Opciones de tiempo:

- -T0 (Paranoid): Muy lento y sigiloso, ideal para evitar detección en redes con IDS.
- -T1 (Sneaky): Lento pero útil en redes sensibles o congestionadas.
- -T3 (Normal): Configuración por defecto, balancea velocidad y precisión.
- -T4 (Aggressive): Más rápido, recomendado para redes confiables con baja latencia.
- -T5 (Insane): Extremadamente rápido, adecuado solo en redes altamente confiables y con alta capacidad de procesamiento.

Ejemplo de escaneo rápido en una red confiable:

nmap -T4 -p 80,443,22 192.168.0.0/16

3. Paralelización y límites de concurrencia

En redes grandes, la paralelización es clave para realizar escaneos masivos sin consumir excesivo tiempo.

NMAP permite ajustar el número de hosts y puertos que se escanean simultáneamente mediante opciones específicas.

Ajustes principales:

- --min-hostgroup y --max-hostgroup: Determinan el número de hosts escaneados en paralelo.
- --min-parallelism y --max-parallelism: Ajustan la cantidad de tareas simultáneas en el escaneo.
- --max-retries: Limita el número de reintentos para hosts que no responden, reduciendo el tiempo total.

Ejemplo de escaneo paralelo optimizado:

nmap --min-hostgroup 64 --max-hostgroup 128 --min-parallelism 10 --max-parallelism 20 192.168.0.0/16

Este enfoque distribuye el trabajo en bloques más pequeños, maximizando el uso de recursos sin saturar la red.

4. Escaneos dirigidos

En redes grandes, es poco práctico escanear todos los puertos de todos los hosts. En lugar de eso, se puede enfocar el análisis en puertos y servicios específicos que sean críticos para la operación o seguridad de la red.

Ejemplo: Escanear solo puertos comunes

nmap -p 22,80,443 10.0.0.0/8

Esto permite identificar servicios importantes como SSH y HTTP sin analizar puertos secundarios.

Ejemplo: Escaneo de hosts específicos detectados previamente: Tras un descubrimiento inicial:

nmap -sV -iL hosts_detectados.txt

Donde hosts_detectados.txt contiene una lista de direcciones IP obtenidas en un escaneo previo.

5. Manejo de redes heterogéneas

En redes grandes y diversas, es común encontrar una mezcla de dispositivos, desde servidores y estaciones de trabajo hasta dispositivos IoT y sistemas integrados. NMAP permite adaptar el enfoque según las características del entorno.

Ejemplo: Escaneo con detección de sistemas operativos

nmap -O -T4 192.168.0.0/16

Esto ayuda a identificar qué sistemas operativos están presentes, lo que puede ser útil para ajustar estrategias de gestión o seguridad.

6. Exportación y análisis de resultados

Realizar escaneos masivos produce una gran cantidad de datos. Exportar y procesar estos resultados es esencial para identificar patrones y priorizar acciones.

Opciones de exportación:

- **XML (-oX):** Para integraciones con herramientas externas.
- **Grepable (-oG):** Permite filtrar y analizar rápidamente resultados en la terminal.
- **JSON (-oJ):** Útil para automatización en aplicaciones modernas.

Ejemplo de exportación y análisis:

nmap -T4 -oX resultados.xml 192.168.0.0/16

El archivo XML puede procesarse con herramientas como ndiff o scripts personalizados para identificar cambios o anomalías.

Los escaneos masivos en redes grandes representan un reto significativo, pero con las configuraciones adecuadas y estrategias como la segmentación, paralelización y optimización de tiempos, NMAP es capaz de realizar análisis exhaustivos y eficientes. Al integrar opciones de exportación y procesamiento de resultados, esta herramienta no solo facilita la gestión de redes extensas, sino que también permite un enfoque escalable y automatizado que se adapta a las necesidades de cualquier infraestructura compleja.

9.2. Optimización de tiempos de escaneo

En redes dinámicas o de gran tamaño, donde el tiempo para obtener resultados es un recurso limitado, optimizar los escaneos de NMAP es crucial para mantener la eficiencia sin sacrificar precisión. Cada escaneo consume tiempo y recursos tanto del sistema que lo ejecuta como de la red objetivo, lo que hace necesario un enfoque estratégico para minimizar la duración total sin comprometer la calidad y profundidad de los datos obtenidos.

La duración de un escaneo depende de múltiples factores, como el número de hosts, los puertos analizados, la latencia de la red y las configuraciones específicas del escaneo. Ajustar cuidadosamente parámetros como los tiempos de espera, los niveles de paralelismo y las opciones de tiempo de escaneo permite acelerar el proceso y adaptarlo a las necesidades de redes de distintos tamaños y características.

1. Ajuste de tiempos de espera y retransmisión

Uno de los factores que afecta directamente el tiempo total de un escaneo es el tiempo de espera que NMAP utiliza para recibir respuestas de los dispositivos objetivo. Por defecto, NMAP adopta configuraciones conservadoras que aseguran resultados precisos incluso en redes con alta latencia, pero estas configuraciones pueden ajustarse en redes más confiables o rápidas.

Configuraciones clave:

--host-timeout: Define un límite máximo para escanear cada host. Esto es útil para evitar que un dispositivo lento o inaccesible retrase el escaneo completo.

nmap --host-timeout 30s 192.168.1.0/24

--max-retries: Limita el número de reintentos en caso de que no se reciba una respuesta. Reducir este valor puede acelerar el escaneo en redes donde algunos hosts no responden.

nmap --max-retries 2 192.168.1.0/24

--initial-rtt-timeout y --max-rtt-timeout: Ajustan los tiempos de espera inicial y máximo para medir el round-trip time (RTT) de los paquetes.

nmap --initial-rtt-timeout 500ms --max-rtt-timeout 2000ms 192.168.1.0/24

Estas opciones son especialmente útiles en redes con alta latencia o dispositivos que tardan en responder, pero deben usarse con precaución para no perder datos importantes.

2. Selección de tipos de escaneo

El tipo de escaneo elegido también impacta directamente en la duración total del análisis.

Algunos escaneos, como el SYN scan (-sS), son inherentemente más rápidos porque no completan la conexión TCP, mientras que otros, como el escaneo TCP Connect (-sT), pueden ser más lentos al realizar conexiones completas.

Opciones recomendadas para optimización:

Escaneo SYN (-sS): Es la opción más rápida y eficiente para detectar puertos abiertos, siempre que se tengan permisos administrativos.

nmap -sS 192.168.1.0/24

Escaneo ping (-sn): Útil para identificar hosts activos antes de realizar un escaneo más detallado.

nmap -sn 192.168.1.0/24

Escaneo de puertos específicos: En lugar de analizar todos los puertos, enfocar el escaneo en los puertos más relevantes reduce significativamente el tiempo.

nmap -p 22,80,443 192.168.1.0/24

3. Uso de plantillas de tiempo (-T)

NMAP proporciona plantillas de tiempo predefinidas que ajustan automáticamente parámetros como la cantidad de tareas simultáneas y los tiempos de espera. Estas plantillas (-T0 a -T5) van desde configuraciones extremadamente sigilosas y lentas (-T0) hasta opciones agresivas y rápidas (-T5).

Plantillas y sus usos:

- **-T1 (Sneaky):** Adecuado para redes sensibles o con dispositivos que podrían bloquear solicitudes rápidas.
- **-T3 (Normal):** Configuración predeterminada, balancea velocidad y precisión.
- **-T4 (Aggressive):** Acelera el escaneo en redes confiables y con baja latencia.
- **-T5 (Insane):** Extremadamente rápido, solo recomendado en entornos controlados con alta capacidad de procesamiento.

Ejemplo: Escaneo agresivo en una red confiable:

nmap -T4 -p 1-1000 192.168.1.0/24

4. Paralelismo y grupos de hosts

El paralelismo permite que NMAP analice múltiples hosts o puertos simultáneamente, lo que puede reducir drásticamente el tiempo en redes grandes. Sin embargo, un paralelismo excesivo puede saturar tanto la red como el sistema que ejecuta el escaneo, por lo que es necesario encontrar un equilibrio.

Configuraciones clave:

--min-hostgroup y **--max-hostgroup:** Controlan la cantidad de hosts que se analizan en paralelo.

nmap --min-hostgroup 64 --max-hostgroup 128 192.168.1.0/24

--min-parallelism y **--max-parallelism:** Ajustan el número de tareas paralelas que NMAP ejecuta simultáneamente.

nmap --min-parallelism 10 --max-parallelism 20 192.168.1.0/24

Estrategia: En redes grandes, es común comenzar con valores moderados para ajustar el balance entre rendimiento y carga en la red.

5. Escaneos segmentados

En lugar de realizar un único escaneo para una red completa, dividir el rango IP en segmentos más pequeños permite procesar partes de la red en paralelo o distribuir la carga a lo largo del tiempo.

Ejemplo de segmentación:

nmap -T4 192.168.1.0/24
nmap -T4 192.168.2.0/24

Además, esta estrategia facilita el análisis posterior, ya que los resultados están organizados por subredes.

6. Exclusión de hosts no relevantes

Para evitar perder tiempo en dispositivos que no son relevantes, NMAP permite excluir direcciones IP o rangos completos del escaneo.

Ejemplo: Excluir dispositivos conocidos:

nmap -T4 192.168.1.0/24 --exclude 192.168.1.100,192.168.1.101

Esto reduce el tiempo total al concentrarse únicamente en hosts que necesitan ser analizados.

7. Exportación y análisis incremental

En escaneos largos, exportar resultados de forma incremental permite analizar los datos obtenidos mientras el escaneo sigue en curso. Esto es útil para priorizar acciones sin esperar a que finalice todo el proceso.

Ejemplo: Exportar en formato XML:

nmap -T4 -oX resultados.xml 192.168.1.0/24

El archivo exportado puede procesarse en tiempo real utilizando herramientas externas o scripts personalizados.

Optimizar los tiempos de escaneo en NMAP no solo mejora la eficiencia del análisis, sino que también permite obtener resultados más rápidamente en redes dinámicas o extensas. Ajustar tiempos de espera, utilizar tipos de escaneo adecuados, aprovechar el paralelismo y segmentar redes son estrategias clave para maximizar la velocidad sin comprometer la calidad de los datos.

Con estas técnicas, NMAP se convierte en una herramienta aún más poderosa y adaptada a las necesidades de entornos complejos.

9.3. Automatización con scripts y herramientas externas

La automatización es una de las formas más efectivas de maximizar el potencial de NMAP, especialmente en redes extensas o en escenarios donde los escaneos deben realizarse regularmente. La ejecución manual de escaneos puede ser tediosa, propensa a errores y poco eficiente cuando se trata de gestionar grandes cantidades de datos o repetidas ejecuciones. Automatizar los procesos no solo ahorra tiempo, sino que también garantiza que los análisis sean consistentes, reproducibles y fácilmente integrables en flujos de trabajo más amplios.

A través del uso de scripts personalizados y herramientas externas, NMAP puede configurarse para ejecutarse de manera autónoma, realizar análisis complejos, exportar resultados en formatos específicos y procesar datos automáticamente. Desde scripts en Bash o Python hasta la integración con sistemas de programación y automatización como cron o incluso plataformas de DevOps, la automatización transforma a NMAP en una herramienta aún más versátil.

Ventajas de la automatización

1. **Consistencia en los análisis**: Los scripts eliminan errores humanos, asegurando que los mismos comandos y configuraciones se utilicen cada vez.
2. **Ahorro de tiempo**: Los procesos repetitivos pueden ejecutarse automáticamente, liberando tiempo para otras tareas críticas.

3. **Escalabilidad**: La automatización permite manejar redes grandes o múltiples sitios sin necesidad de intervención manual.
4. **Integración fluida**: Los scripts y herramientas externas permiten combinar NMAP con otros sistemas de monitoreo, generación de reportes y análisis avanzado.

1. Automatización con scripts Bash

Bash es una de las formas más simples y directas de automatizar escaneos con NMAP. Con Bash, es posible crear scripts que ejecuten escaneos periódicos, analicen los resultados y los almacenen en formatos específicos.

Ejemplo básico de script en Bash:

```
#!/bin/bash

# Definir la red objetivo y el archivo de salida
RED="192.168.1.0/24"
SALIDA="/var/log/nmap_$(date +%Y%m%d%H%M%S).txt"

# Ejecutar un escaneo de descubrimiento de hosts activos
echo "Iniciando escaneo en $RED..."
nmap -sn $RED -oN $SALIDA

echo "Escaneo completado. Resultados guardados en $SALIDA"
```

Características:

- Incluye marcas de tiempo en el nombre del archivo de salida para facilitar el seguimiento de escaneos pasados.
- Puede integrarse con tareas programadas utilizando cron (ver sección 3).

Ejemplo avanzado: Escaneo con parámetros dinámicos Este script automatiza el escaneo de puertos abiertos y envía una notificación por correo si se detectan servicios críticos.

```bash
#!/bin/bash

RED="192.168.1.0/24"
PUERTOS="22,80,443"
SALIDA="/var/log/nmap_scan_$(date +%Y%m%d%H%M%S).xml"

nmap -p $PUERTOS -oX $SALIDA $RED

if grep -q "<port protocol='tcp' state='open'" $SALIDA; then
    echo "Se detectaron servicios en puertos críticos. Revisar:
$SALIDA" | mail -s "Alerta NMAP" admin@example.com
fi
```

2. Automatización con Python

Python ofrece una mayor flexibilidad que Bash para automatizar NMAP, especialmente al procesar resultados y combinar NMAP con otras herramientas. Con bibliotecas como python-nmap y subprocess, es posible integrar NMAP en scripts más avanzados.

Ejemplo básico con python-nmap:

```python
import nmap

# Inicializar el escáner
nm = nmap.PortScanner()

# Definir red objetivo y puertos
network = "192.168.1.0/24"
ports = "22,80,443"

# Ejecutar el escaneo
print(f"Iniciando escaneo en {network}...")
nm.scan(hosts=network, ports=ports, arguments="-T4")

# Procesar resultados
for host in nm.all_hosts():
    print(f"Host: {host} ({nm[host].hostname()})")
    for proto in nm[host].all_protocols():
        ports = nm[host][proto].keys()
        for port in ports:
```

```
print(f" Puerto {port}/{proto}: {nm[host][proto][port]['state']}")
```

Ventajas de Python:

- Facilita el análisis avanzado de resultados.
- Permite exportar datos en formatos personalizados (CSV, JSON, etc.).
- Se integra fácilmente con APIs y herramientas externas.

3. Automatización con cron

cron es una herramienta estándar en sistemas Unix/Linux que permite programar la ejecución automática de tareas. Es ideal para realizar escaneos regulares y garantizar que se ejecuten en horarios específicos.

Configurar un trabajo cron:

Abrir el editor de cron:

crontab -e

Agregar una línea para ejecutar el script:

0 2 * * * /path/to/nmap_script.sh

En este ejemplo, el script nmap_script.sh se ejecutará todos los días a las 2:00 AM.

4. Integración con herramientas externas

Además de la programación y el procesamiento local, NMAP puede integrarse con herramientas de monitoreo y gestión más avanzadas para automatizar flujos de trabajo.

Integración con Nagios: Nagios puede utilizar NMAP para monitorear la disponibilidad de hosts y servicios en una red.

Configura un comando personalizado en Nagios que ejecute NMAP:

```
define command {
    command_name    check_nmap_ports
    command_line    /usr/bin/nmap -p 80,443 $HOSTADDRESS$
}
```

Integración con Jenkins: En pipelines de CI/CD, NMAP puede integrarse para realizar escaneos de seguridad en etapas específicas.

Configura un paso en Jenkins para ejecutar NMAP:

```
nmap -T4 -oX resultados.xml 192.168.1.0/24
```

Exportación y análisis con Splunk: Exporta resultados de NMAP en formato XML o JSON y utiliza Splunk para visualizar y analizar patrones de red.

Automatizar NMAP con scripts y herramientas externas no solo ahorra tiempo, sino que también mejora la consistencia y escalabilidad de los análisis de red. Desde simples scripts en Bash o Python hasta integraciones con plataformas avanzadas como Nagios y Jenkins, la automatización transforma a NMAP en una solución autónoma capaz de adaptarse a los entornos más exigentes. Con estas técnicas, los administradores y analistas pueden optimizar su flujo de trabajo, permitiendo un monitoreo continuo y eficiente de sus redes.

9.4. NMAP en pipelines de CI/CD

En la era de la integración y el despliegue continuo (CI/CD), la seguridad se ha convertido en una parte integral del ciclo de vida del desarrollo de software. La incorporación de herramientas como NMAP en los pipelines de CI/CD permite a los equipos identificar problemas de configuración o vulnerabilidades en las aplicaciones y sus entornos antes de que lleguen a producción.

Este enfoque no solo mejora la seguridad, sino que también fomenta una cultura de desarrollo segura desde las primeras etapas del proceso, lo que se alinea con las prácticas modernas de DevSecOps.

La integración de NMAP en pipelines de CI/CD es una práctica emergente pero poderosa, que puede automatizar tareas como la verificación de configuraciones de red, la detección de servicios inseguros y la validación de políticas de acceso en entornos dinámicos.

Al ser una herramienta ligera y versátil, NMAP se adapta fácilmente a los flujos de trabajo de CI/CD, proporcionando información valiosa sobre la infraestructura objetivo de forma rápida y eficiente.

Ventajas de integrar NMAP en CI/CD

1. **Detección temprana de problemas**: Realizar escaneos automáticos durante las etapas iniciales del pipeline ayuda a identificar vulnerabilidades o configuraciones inseguras antes de que lleguen a entornos de producción.
2. **Automatización completa**: Al integrarse con herramientas como Jenkins, GitLab CI o GitHub Actions, NMAP puede ejecutarse de manera automática como parte de los pasos del pipeline.
3. **Monitoreo continuo**: En entornos donde las configuraciones cambian rápidamente, los escaneos automatizados aseguran que los cambios no introduzcan nuevas vulnerabilidades.
4. **Integración con DevSecOps**: NMAP fomenta la colaboración entre desarrolladores, equipos de

operaciones y seguridad, integrando la seguridad como un aspecto fundamental del ciclo de vida del software.

1. Casos de uso de NMAP en pipelines de CI/CD

Escenarios clave donde NMAP añade valor:

- **Validación de configuraciones en entornos de prueba**: Antes de desplegar una nueva versión de una aplicación, NMAP puede validar que los servicios abiertos en los servidores o contenedores cumplen con las políticas de seguridad establecidas.
- **Detección de puertos no autorizados**: NMAP puede identificar puertos abiertos en servidores o entornos que deberían estar bloqueados.
- **Auditorías de seguridad continuas**: Ejecutar escaneos periódicos en entornos de staging o producción temprana asegura que las configuraciones de red sean seguras.
- **Pruebas en aplicaciones basadas en contenedores**: NMAP puede integrarse con herramientas como Docker o Kubernetes para escanear configuraciones de red internas y externas.

Ejemplo: Validación de puertos abiertos antes del despliegue En un pipeline de CI/CD, NMAP puede ejecutarse automáticamente para garantizar que solo los puertos esenciales estén abiertos antes de desplegar una nueva aplicación.

2. Integración con herramientas de CI/CD

NMAP puede integrarse fácilmente con las herramientas más populares de CI/CD. A continuación, se presentan ejemplos de integración con algunas de las plataformas más utilizadas:

Jenkins

Jenkins es una de las plataformas de automatización más utilizadas en CI/CD, y permite incluir NMAP como un paso en un pipeline configurado con Jenkinsfiles.

Ejemplo de integración en un Jenkinsfile:

```
pipeline {
    agent any
    stages {
        stage('Escaneo de red con NMAP') {
            steps {
                sh '''
                nmap -T4 -p 22,80,443 -oX resultados.xml 192.168.1.0/24
                if grep -q "<port protocol='tcp' state='open'" resultados.xml; then
                    echo "Puertos abiertos detectados"
                else
                    echo "No se detectaron puertos abiertos no autorizados"
                fi
                '''
            }
        }
    }
}
```

Este pipeline ejecuta un escaneo de puertos críticos y analiza los resultados. Si se detectan puertos abiertos no deseados, puede detener el pipeline o notificar al equipo.

GitLab CI/CD

GitLab CI/CD permite integrar NMAP directamente en los archivos .gitlab-ci.yml para automatizar la ejecución de escaneos en cada commit o antes del despliegue.

Ejemplo de configuración en .gitlab-ci.yml:

```
stages:
  - security_scan

nmap_scan:
  stage: security_scan
```

```
image: kalilinux/kali-rolling
script:
 - apt-get update && apt-get install -y nmap
 - nmap -T4 -p 22,80,443 -oX resultados.xml 192.168.1.0/24
 - grep -q "<port protocol='tcp' state='open'" resultados.xml ||
echo "No se detectaron puertos abiertos no autorizados"
artifacts:
  paths:
   - resultados.xml
```

En este ejemplo, NMAP se ejecuta en un contenedor de Kali Linux, y los resultados se guardan como artefactos para su revisión posterior.

GitHub Actions

GitHub Actions permite ejecutar NMAP en pipelines configurados mediante archivos YAML.

Ejemplo de flujo de trabajo en GitHub Actions:

```
name: Security Scan
on:
  push:
    branches:
     - main
jobs:
  nmap_scan:
    runs-on: ubuntu-latest
    steps:
     - name: Configurar NMAP
       run: sudo apt-get update && sudo apt-get install -y nmap
     - name: Ejecutar escaneo
       run: nmap -T4 -p 22,80,443 -oX resultados.xml
192.168.1.0/24
     - name: Revisar resultados
       run: |
         if grep -q "<port protocol='tcp' state='open'" resultados.xml;
then
         echo "Advertencia: Puertos abiertos detectados"
```

```
exit 1
fi
```

Este flujo de trabajo ejecuta un escaneo de NMAP en cada commit, deteniendo el pipeline si se detectan problemas de seguridad.

3. Aplicación en flujos DevSecOps

En el marco de DevSecOps, NMAP puede integrarse como parte de una estrategia proactiva para garantizar la seguridad en todo el ciclo de vida del desarrollo.

Al automatizar tareas como la detección de vulnerabilidades de red o configuraciones inseguras, NMAP ayuda a implementar la seguridad de manera continua.

Ventajas en DevSecOps:

- **Integración temprana:** Detectar problemas en etapas tempranas reduce costos y riesgos.
- **Colaboración:** Permite a los equipos de desarrollo, operaciones y seguridad trabajar en conjunto.
- **Automatización escalable:** Los pipelines de CI/CD pueden manejar entornos grandes y dinámicos de forma eficiente.

La integración de NMAP en pipelines de CI/CD es una práctica poderosa para mejorar la seguridad en cada etapa del desarrollo y despliegue de software. Desde la detección temprana de vulnerabilidades hasta la validación automática de configuraciones, NMAP se convierte en una herramienta indispensable para cualquier estrategia de DevSecOps.

Su versatilidad y facilidad de integración con herramientas populares como Jenkins, GitLab CI y GitHub Actions lo convierten en un aliado clave en la protección de entornos dinámicos y en constante evolución.

Capítulo 10: Análisis Avanzado con NMAP

NMAP es mucho más que una herramienta para realizar escaneos básicos de red. Con sus capacidades avanzadas, es posible profundizar en la identificación de configuraciones inseguras, integrar datos con bases de vulnerabilidades reconocidas y complementar su funcionalidad con otras herramientas para cubrir las necesidades más complejas en ciberseguridad. Este capítulo explora el potencial de NMAP en análisis avanzados, comparándolo con otras herramientas y abordando sus limitaciones, además de cómo integrarlo en un entorno de análisis de seguridad más amplio.

10.1. Uso de NMAP para detectar configuraciones inseguras

Detectar configuraciones inseguras es una de las aplicaciones más valiosas de NMAP en auditorías de seguridad. A través de sus scripts NSE (Nmap Scripting Engine), NMAP puede identificar fallas comunes en servicios de red, como accesos anónimos, protocolos desactualizados o cifrados inseguros.

1. Detección de servicios mal configurados

NMAP permite verificar configuraciones que podrían exponer la red a ataques.

Ejemplo: Acceso anónimo en servidores FTP

nmap --script ftp-anon -p 21 192.168.1.0/24

Este script verifica si un servidor FTP permite el acceso anónimo, lo cual puede ser un riesgo de seguridad.

Ejemplo: Configuraciones débiles de SMB

nmap --script smb-enum-shares -p 445 192.168.1.1

Enumera los recursos compartidos en un servidor SMB y verifica si son accesibles sin autenticación.

2. Evaluación de cifrados inseguros

Los servicios que utilizan cifrados desactualizados son vulnerables a ataques de interceptación.

Ejemplo: Análisis de configuraciones SSL/TLS

nmap --script ssl-enum-ciphers -p 443 192.168.1.1

Este script analiza las configuraciones SSL/TLS de un servidor web, identificando cifrados inseguros o vulnerabilidades como POODLE o BEAST.

3. Identificación de dispositivos con SNMP expuesto

El protocolo SNMP puede filtrar información sensible si no está configurado adecuadamente.

Ejemplo: Verificar configuraciones SNMP

nmap --script snmp-info -p 161 192.168.1.0/24

Obtiene información básica sobre dispositivos que ejecutan SNMP.

10.2. Integración con bases de datos de vulnerabilidades (CVE, CPE)

Una de las características avanzadas de NMAP es su capacidad para integrar datos con bases de vulnerabilidades reconocidas, como CVE (Common Vulnerabilities and Exposures) y CPE (Common Platform Enumeration). Esto permite correlacionar las versiones de software detectadas con vulnerabilidades conocidas.

1. Uso del script vulners

El script vulners consulta bases de datos de vulnerabilidades, como CVE y NVD, para identificar fallas relacionadas con los servicios detectados.

Ejemplo: Escaneo con vulners

nmap --script vulners -sV 192.168.1.1

Proporciona un listado de vulnerabilidades relacionadas con las versiones de software identificadas, junto con enlaces a CVE relevantes.

2. Identificación basada en CPE

CPE (Common Platform Enumeration) es un estándar para identificar software y sistemas. NMAP puede incluir información de CPE en los resultados para facilitar la integración con herramientas de análisis de vulnerabilidades.

Ejemplo: Escaneo con salida de CPE

nmap -sV --script vuln --version-intensity 5 192.168.1.1

El reporte incluye identificadores CPE, que pueden usarse para consultar bases de datos como NVD.

3. Exportación para análisis posterior

Los resultados de NMAP se pueden exportar en formato XML o JSON, lo que permite integrarlos en plataformas como Nessus, OpenVAS o Splunk para un análisis más profundo.

Ejemplo: Exportación en XML

```
nmap -sV --script vulners -oX resultados.xml 192.168.1.0/24
```

10.3. Comparativa con otras herramientas de escaneo

Aunque NMAP es una herramienta extremadamente poderosa, no siempre es la solución ideal para todos los escenarios. Compararlo con otras herramientas de escaneo permite entender sus fortalezas y debilidades, así como complementar sus capacidades.

1. Comparación con Nessus

- **NMAP:**
    - Ideal para descubrimiento de red y análisis preliminares.
    - Enfocado en escaneos rápidos y flexibles.
    - Gratis y de código abierto.
- **Nessus:**
    - Especializado en detección de vulnerabilidades detalladas.
    - Proporciona evaluaciones más profundas y recomendaciones específicas.
    - Es una herramienta comercial con una versión gratuita limitada.

Uso complementario:

Realiza un descubrimiento inicial con NMAP y utiliza Nessus para profundizar en los servicios detectados:

```
nmap -sV -oX resultados.xml 192.168.1.0/24
# Importa a Nessus
```

2. Comparación con OpenVAS

- NMAP:
  - o Enfocado en escaneos personalizados y flexibles.
  - o Más rápido en redes grandes.
- OpenVAS:
  - o Orientado a auditorías de vulnerabilidades.
  - o Incluye un motor de análisis que consulta bases de datos en tiempo real.

Uso complementario: NMAP puede identificar hosts activos y servicios básicos, y OpenVAS puede realizar análisis profundos de vulnerabilidades específicas.

3. Comparación con Masscan

- NMAP:
  - o Ofrece un equilibrio entre velocidad y precisión.
  - o Proporciona detección de servicios y vulnerabilidades.
- Masscan:
  - o Extremadamente rápido, diseñado para escanear millones de IP en minutos.
  - o Carece de la profundidad de análisis de NMAP.

Uso complementario: Usa Masscan para identificar rápidamente hosts activos y NMAP para analizar servicios en detalle:

```
masscan -p80 192.168.0.0/16
```

nmap -sV -p 80 -iL masscan_results.txt

10.4. Limitaciones de NMAP y cómo complementarlo

Aunque NMAP es una herramienta robusta, tiene limitaciones que deben considerarse al planificar un análisis de red o auditoría de seguridad.

1. Limitaciones de NMAP

- **Velocidad en redes grandes:** Aunque es rápido, en redes extensas puede ser más lento que herramientas como Masscan.
- **Análisis limitado de vulnerabilidades:** NMAP no incluye reglas de evaluación tan avanzadas como Nessus o OpenVAS.
- **Impacto en redes sensibles:** En redes con sistemas IDS/IPS, los escaneos pueden ser detectados y bloqueados.
- **Dependencia de la configuración de la red:** NMAP puede generar falsos negativos si firewalls o NAT bloquean paquetes específicos.

2. Cómo complementarlo

Para superar estas limitaciones, NMAP se puede integrar con otras herramientas:

- **Masscan:** Para descubrimiento rápido en redes grandes.
- **Nessus/OpenVAS:** Para análisis detallados de vulnerabilidades.
- **Wireshark:** Para monitoreo de tráfico en tiempo real durante los escaneos.
- **Splunk:** Para analizar grandes volúmenes de datos de escaneo y detectar patrones.

Ejemplo: Flujo complementario

1. Usa Masscan para identificar hosts y puertos abiertos.
2. Analiza servicios con NMAP y exporta resultados en XML.
3. Importa los resultados a Nessus para auditorías detalladas.
4. Usa Splunk para correlacionar datos y generar reportes.

NMAP es una herramienta esencial para análisis avanzados de seguridad, con capacidades robustas para detectar configuraciones inseguras y correlacionar datos con bases de vulnerabilidades. Aunque tiene limitaciones, su integración con otras herramientas permite crear un flujo de trabajo completo y eficiente. Con una comprensión adecuada de sus capacidades y cómo complementarlas, NMAP puede ser la base de una estrategia sólida de análisis y auditoría de seguridad.

Capítulo 11: Casos Prácticos y Proyectos

El aprendizaje profundo de NMAP no se completa únicamente con teoría; se consolida realmente cuando se aplica en situaciones que simulan o replican escenarios del mundo real. La verdadera comprensión de una herramienta de análisis de redes surge al enfrentar entornos con configuraciones complejas, comportamientos inesperados, servicios mal configurados o sistemas diseñados deliberadamente para resistir la enumeración. Por ello, este capítulo se centra en casos prácticos y proyectos que permiten al lector transformar conocimientos teóricos en experiencia operativa.

A lo largo del capítulo exploraremos ejercicios que abarcan desde auditorías de seguridad en infraestructuras empresariales hasta pruebas de penetración orientadas a servicios críticos como aplicaciones web, servidores expuestos a Internet o redes segmentadas. Cada caso práctico está diseñado para reflejar situaciones comunes en la profesión: descubrir activos no documentados, evaluar configuraciones inseguras, identificar servicios vulnerables o realizar un mapeo completo de una red interna. Estos ejemplos proporcionan una visión clara de cómo NMAP se integra en metodologías reales de auditoría y pentesting.

Además, veremos cómo las capacidades de NMAP pueden aprovecharse en entornos más dinámicos, como redes locales que requieren monitoreo periódico o sistemas que necesitan verificar su nivel de exposición de manera continua. A través de estos proyectos, el lector aprenderá a combinar diferentes tipos de escaneo, interpretar resultados complejos y correlacionar información con otras herramientas, logrando análisis más profundos y precisos.

Finalmente, el capítulo incluye desafíos típicos de entornos *Capture The Flag (CTF)*, donde NMAP suele ser la puerta de entrada para descubrir la superficie de ataque y encontrar vectores explotables.

Estos ejercicios fortalecen las habilidades técnicas del lector, fomentan la creatividad y permiten practicar en entornos seguros y controlados donde la experimentación es clave.

En conjunto, este capítulo convierte la teoría acumulada a lo largo del libro en práctica real, ofreciendo al lector la oportunidad de experimentar directamente el potencial de NMAP y desarrollar competencias esenciales para su trabajo como analista, auditor o pentester profesional.

11.1. Auditoría de seguridad en una red empresarial

Objetivo

Realizar una auditoría completa en una red empresarial para identificar hosts activos, servicios abiertos, configuraciones inseguras y posibles vulnerabilidades.

Escenario

Una empresa con una red interna en el rango 192.168.1.0/24 solicita una auditoría para evaluar su postura de seguridad.

La tarea incluye identificar dispositivos conectados, verificar servicios críticos y detectar configuraciones débiles.

Pasos

Descubrimiento de hosts activos: Realiza un escaneo para identificar dispositivos conectados.

nmap -sn 192.168.1.0/24

Identificación de servicios abiertos: Analiza los puertos abiertos en los dispositivos activos.

nmap -sS -p 1-1000 192.168.1.0/24

Detección de configuraciones inseguras: Utiliza scripts NSE para evaluar servicios críticos.

Detección de acceso anónimo en FTP:

nmap --script ftp-anon -p 21 192.168.1.0/24

Análisis de configuraciones SMB:

nmap --script smb-enum-shares,smb-vuln* -p 445 192.168.1.0/24

Evaluación de vulnerabilidades: Usa el script vulners para identificar problemas conocidos en los servicios detectados.

nmap --script vulners -sV 192.168.1.0/24

Reporte final: Exporta los resultados en formato XML para generar un informe detallado.

nmap -oX auditoria.xml 192.168.1.0/24

Resultados esperados

- Lista de dispositivos activos.
- Identificación de servicios vulnerables o configuraciones débiles.
- Recomendaciones para mitigar riesgos.

11.2. Pentesting de aplicaciones web y servicios abiertos

Objetivo

Identificar vulnerabilidades en aplicaciones web y servicios abiertos en un servidor público.

Escenario

Un cliente solicita pruebas de seguridad en su servidor web con dirección IP 203.0.113.10, asegurándose de que sus aplicaciones y servicios asociados estén protegidos.

Pasos

Identificación de puertos abiertos: Escanea los puertos más comunes para identificar servicios accesibles.

nmap -p 80,443,22,21,3306 203.0.113.10

Análisis de versiones de servicios: Detecta las versiones específicas de los servicios en ejecución.

nmap -sV -p 80,443 203.0.113.10

Evaluación de seguridad del servidor web: Ejecuta scripts NSE para identificar configuraciones inseguras en HTTP/HTTPS.

Enumeración de directorios web:

nmap --script http-enum -p 80 203.0.113.10

Análisis de configuraciones SSL/TLS:

nmap --script ssl-enum-ciphers -p 443 203.0.113.10

Detección de vulnerabilidades específicas: Usa scripts orientados a servicios específicos.

Verifica acceso anónimo en FTP:

nmap --script ftp-anon -p 21 203.0.113.10

Evalúa seguridad de bases de datos MySQL:

nmap --script mysql-info -p 3306 203.0.113.10

Resultados esperados

- Detección de vulnerabilidades específicas en servicios abiertos.
- Listado de configuraciones inseguras en el servidor web.
- Propuestas de remediación para fortalecer la seguridad.

11.3. Monitoreo y optimización de una red local

Objetivo

Implementar un sistema de monitoreo continuo para una red local, identificando anomalías y optimizando configuraciones.

Escenario

Un administrador de red desea supervisar una red interna en 10.0.0.0/16 para detectar dispositivos nuevos, puertos abiertos inesperados y servicios críticos.

Pasos

Escaneos regulares de la red: Configura un script Bash para escanear la red periódicamente.

```
nmap -sn 10.0.0.0/16 -oG /var/log/nmap_scan_$(date +%Y%m%d%H%M%S).txt
```

Detección de servicios críticos: Escanea puertos específicos para garantizar la disponibilidad de servicios esenciales.

```
nmap -p 22,80,443 10.0.0.0/16
```

Comparación de escaneos: Usa ndiff para detectar cambios entre escaneos consecutivos.

```
ndiff escaneo_anterior.xml escaneo_actual.xml
```

Optimización de configuraciones:

o Identifica servicios no utilizados y recomienda su cierre.
o Evalúa configuraciones de cifrado en servicios críticos.

Resultados esperados

- Mapa actualizado de la red local.
- Alertas sobre dispositivos o puertos no autorizados.
- Mejoras en la configuración de la red para optimizar el rendimiento.

11.4. Resolución de desafíos tipo CTF con NMAP

Objetivo

Utilizar NMAP para resolver desafíos en entornos Capture The Flag (CTF), que simulan escenarios de ciberseguridad.

Escenario

Un desafío CTF presenta una dirección IP (10.10.10.100) que contiene servicios vulnerables, y el objetivo es identificar posibles puntos de entrada.

Pasos

Reconocimiento inicial: Identifica todos los servicios abiertos.

nmap -p- -T4 10.10.10.100

Análisis de servicios detectados: Realiza un escaneo detallado en los puertos abiertos.

nmap -sV -sC -p 22,80,443 10.10.10.100

Enumeración de servicios web: Usa scripts NSE para explorar directorios y recursos en el servidor web.

nmap --script http-enum -p 80 10.10.10.100

Detección de vulnerabilidades: Analiza los servicios detectados en busca de fallas conocidas.

nmap --script vuln -sV 10.10.10.100

Resultados esperados

- Identificación de servicios vulnerables o configuraciones inseguras.
- Puntos de entrada para ejecutar exploits en el entorno del desafío.
- Resolución del CTF mediante explotación controlada de vulnerabilidades.

Los casos prácticos y proyectos presentados en este capítulo destacan el potencial de NMAP en una variedad de escenarios, desde auditorías empresariales hasta la resolución de desafíos tipo CTF.

Estas aplicaciones demuestran cómo NMAP puede adaptarse a diversas necesidades, proporcionando a los usuarios un conjunto de habilidades prácticas que son esenciales en ciberseguridad y administración de redes. Con la práctica continua en estos contextos, los usuarios pueden llevar su dominio de NMAP al siguiente nivel, consolidando su posición como expertos en análisis de redes y seguridad.

Apéndice A: Cheatsheet de comandos NMAP

Este apéndice proporciona una referencia rápida y práctica de los comandos más utilizados en NMAP, organizados por categoría. Ideal tanto para principiantes como para usuarios avanzados, este cheatsheet facilita la ejecución de tareas comunes y avanzadas con NMAP.

1. Escaneos básicos

Comando	Descripción
nmap <IP>	Escanea los 1000 puertos más comunes en el host.
nmap -p <puertos> <IP>	Escanea puertos específicos, e.g., -p 22,80,443.
nmap -p- <IP>	Escanea todos los puertos (1-65535).
nmap -sS <IP>	Realiza un escaneo SYN (half-open).
nmap -sT <IP>	Realiza un escaneo TCP Connect.
nmap -sn <IP/24>	Realiza un ping scan para identificar hosts activos.
nmap -O <IP>	Detecta el sistema operativo del host.
nmap -sV <IP>	Detecta servicios y versiones en los puertos abiertos.
nmap -v <IP>	Ejecuta el escaneo con salida detallada (verbose).

NMAP en Pentesting, Auditoría y Análisis de Redes

2. Escaneos avanzados

Comando	Descripción
nmap --script <script> <IP>	Ejecuta un script NSE específico, e.g., --script http-enum.
nmap --script vuln <IP>	Ejecuta scripts NSE relacionados con vulnerabilidades.
nmap -sU <IP>	Realiza un escaneo de puertos UDP.
nmap -sS -sU <IP>	Realiza un escaneo combinado de puertos TCP y UDP.
nmap --top-ports <n> <IP>	Escanea los n puertos más utilizados (e.g., --top-ports 20).
nmap -T<0-5> <IP>	Ajusta la velocidad del escaneo (-T0 lento/sigiloso, -T5 rápido/agresivo).
nmap --badsum <IP>	Envía paquetes con checksums incorrectos para probar la respuesta del sistema.
nmap -f <IP>	Envía paquetes fragmentados para evadir firewalls/IDS.
nmap -D R1,R2,ME <IP>	Usa señuelos (decoys) para ocultar la dirección IP real (R1, R2, etc.).

nmap -sI <zombie> <IP>	Realiza un escaneo idle usando un zombie para ocultar la fuente del escaneo.

3. Escaneos de detección de vulnerabilidades

Comando	Descripción
nmap --script vuln <IP>	Escanea el host en busca de vulnerabilidades comunes.
nmap --script vulners -sV <IP>	Consulta CVEs asociadas con las versiones detectadas de servicios.
nmap --script smb-vuln-ms17-010 <IP>	Verifica si SMB es vulnerable a EternalBlue (ms17-010).
nmap --script ssl-enum-ciphers -p 443 <IP>	Analiza configuraciones SSL/TLS y detecta cifrados inseguros.
nmap --script http-enum <IP>	Enumera directorios y recursos comunes en servidores HTTP.

4. Escaneos para configuraciones inseguras

Comando	Descripción
nmap --script ftp-anon -p 21 <IP>	Verifica si el servidor FTP permite acceso anónimo.
nmap --script smb-enum-shares -p 445 <IP>	Enumera recursos compartidos en un servidor SMB.

nmap --script snmp-info -p 161 <IP>	Obtiene información básica de un dispositivo con SNMP habilitado.
nmap --script http-title <IP>	Obtiene el título de la página web del servidor HTTP.

5. Exportación de resultados

Comando	Descripción
nmap -oN <archivo.txt> <IP>	Guarda los resultados en texto plano.
nmap -oG <archivo.txt> <IP>	Exporta los resultados en formato grepable para procesarlos rápidamente.
nmap -oX <archivo.xml> <IP>	Exporta los resultados en formato XML para integrarlos con otras herramientas.
nmap -oJ <archivo.json> <IP>	Exporta los resultados en formato JSON, útil para automatización en entornos modernos.

6. Comparación de resultados

Comando	Descripción
nmap -oX escaneo1.xml <IP>	Realiza un primer escaneo y guarda los resultados en XML.

nmap -oX escaneo2.xml <IP>	Realiza un segundo escaneo para comparar cambios.
ndiff escaneo1.xml escaneo2.xml	Compara dos resultados de escaneo y resalta las diferencias.

7. Escaneos masivos y segmentación

Comando	Descripción
nmap -iL <archivo.txt>	Escanea una lista de IPs especificadas en un archivo de texto.
nmap --exclude <IP1,IP2>	Excluye direcciones IP específicas del escaneo.
nmap -p <puertos> <rango>	Escanea rangos completos de IPs, e.g., 192.168.0.1-254.

Notas finales

Este cheatsheet sirve como una guía de referencia rápida, pero el verdadero poder de NMAP radica en su flexibilidad y capacidad de personalización. Consultar la documentación oficial y explorar las opciones avanzadas puede revelar funcionalidades adicionales que se adapten a tus necesidades específicas. Para más detalles, utiliza el comando:

nmap –help

Apéndice B: Recursos y Documentación Oficial de NMAP

NMAP es una herramienta ampliamente documentada con una comunidad activa y recursos oficiales que cubren desde los fundamentos hasta funcionalidades avanzadas. Este apéndice recopila las principales fuentes de información y materiales útiles para aprender, dominar y aprovechar al máximo las capacidades de NMAP. Estos recursos incluyen documentación oficial, libros, tutoriales en línea y foros de discusión.

1. Documentación oficial de NMAP

La documentación oficial de NMAP es la fuente más confiable y completa para comprender todas las opciones, parámetros y funcionalidades de la herramienta. Se actualiza regularmente con cada nueva versión.

Recursos oficiales:

1. Sitio oficial de NMAP
   o Página principal: https://nmap.org
   o Contiene descargas, changelogs, guías rápidas y noticias sobre nuevas versiones.

2. Manual oficial (man nmap)

Se puede acceder directamente desde la terminal ejecutando:

man nmap

   o Detalla todas las opciones de línea de comandos, tipos de escaneo y configuraciones avanzadas.

3. Guía de referencia rápida

- o Disponible en https://nmap.org/book/man.html
- o Ofrece explicaciones concisas y ejemplos prácticos de comandos comunes.

4. Documentación del Nmap Scripting Engine (NSE)
   - o https://nmap.org/nsedoc/
   - o Descripción detallada de scripts NSE, organizados por categoría, con ejemplos de uso.

2. Libros recomendados

1. "Nmap Network Scanning" por Gordon Fyodor Lyon
   - o Autor: El creador de NMAP, Fyodor.
   - o Este libro es la referencia definitiva para aprender NMAP, desde conceptos básicos hasta análisis avanzados.
   - o Disponible en https://nmap.org/book/
2. "Practical Network Scanning" por Ajay Singh Chauhan
   - o Enfocado en el uso práctico de NMAP para pruebas de seguridad y auditorías.
   - o Cubre ejemplos detallados de escaneos, integración y optimización.
3. "The Hacker Playbook" por Peter Kim
   - o Aunque no está exclusivamente dedicado a NMAP, incluye técnicas y estrategias en las que NMAP juega un papel crucial dentro de pentesting y auditorías de red.

3. Tutoriales y guías en línea

1. Wiki oficial de NMAP
   - o https://secwiki.org/w/Nmap
   - o Contiene información adicional, ejemplos prácticos, y enlaces a recursos comunitarios.
2. Tutorial de NMAP en Hackersploit (YouTube)

- o Serie en video que cubre desde escaneos básicos hasta scripts NSE.
- o Canal: Hackersploit
3. Guías prácticas en Cybersecurity Memo
   - o Tutoriales detallados sobre cómo usar NMAP para auditorías y pruebas de seguridad.
   - o https://cybersecuritymemo.com

4. Comunidades y foros de discusión

1. NMAP Mailing List
   - o https://seclists.org/nmap-dev/
   - o Foro oficial para desarrolladores y usuarios avanzados. Ideal para mantenerse actualizado sobre nuevas funcionalidades y reportar problemas.
2. Foro de Reddit: /r/netsec
   - o https://www.reddit.com/r/netsec/
   - o Comunidad activa de profesionales de seguridad donde se discuten herramientas, incluido NMAP.
3. Foros de Stack Overflow
   - o https://stackoverflow.com
   - o Preguntas frecuentes sobre uso avanzado de NMAP y resolución de problemas.
4. Discord y Slack de comunidades de ciberseguridad
   - o Muchas comunidades tienen canales específicos para aprender NMAP y compartir casos prácticos. Busca servidores como "SecOps Discord" o CyberSec Global".

5. Proyectos y laboratorios de práctica

1. Hack The Box (HTB)
   - o https://www.hackthebox.com

- o Plataforma de desafíos CTF donde NMAP es fundamental para resolver retos relacionados con redes y servicios.
2. VulnHub
   - o https://www.vulnhub.com
   - o Repositorio de máquinas virtuales vulnerables donde se pueden practicar auditorías con NMAP.
3. TryHackMe
   - o https://tryhackme.com
   - o Ofrece laboratorios interactivos y guías específicas para dominar NMAP.
4. Labs de práctica en CyberSec Memo
   - o Laboratorios dedicados a redes donde NMAP es la herramienta principal para explorar vulnerabilidades.

6. Otros recursos útiles

1. Changelog oficial de NMAP
   - o https://nmap.org/changelog.html
   - o Registro completo de cambios en cada versión de NMAP, ideal para conocer nuevas funcionalidades.
2. Repositorio oficial en GitHub
   - o https://github.com/nmap/nmap
   - o Código fuente de NMAP, donde también se puede contribuir al desarrollo o reportar errores.
3. SecTools.org: NMAP y herramientas relacionadas
   - o https://sectools.org
   - o Lista de las herramientas de seguridad más populares, destacando el rol de NMAP.

NMAP es una herramienta esencial para el análisis de redes y ciberseguridad, respaldada por una amplia gama de recursos oficiales y comunitarios. Ya sea que estés aprendiendo a usarla por primera vez o que desees perfeccionar tus habilidades avanzadas, estos recursos te proporcionarán las herramientas necesarias para dominar NMAP y aplicarlo efectivamente en cualquier escenario.

RaulRenales.es

ACERCA DEL AUTOR

Raúl Renales Agüero es un destacado especialista en ciberseguridad, gestión de proyectos y desarrollo de software orientado a la ciberdefensa, con una trayectoria profesional de más de dos décadas en el ámbito de la tecnología y la seguridad informática. Actualmente desempeña el cargo de Responsable de Servicio de Ciberseguridad en la Administración Pública, donde lidera la gestión de incidentes de seguridad y el diseño de estrategias defensivas en entornos críticos.

Su enfoque integral en ciberseguridad combina el análisis forense, la respuesta a incidentes y la formación especializada. Como profesor, ha impartido cursos avanzados de ciberseguridad en instituciones como la UNED y la Universidad de Alcalá, abordando temas como delitos informáticos, seguridad en aplicaciones web y hacking ético. Además, ha contribuido como coorganizador y ponente en talleres sobre investigación forense y criptología.

Raúl también cuenta con experiencia internacional, habiendo liderado proyectos tecnológicos en países como Sudáfrica, Brasil, Argentina, México, Italia, Francia y Alemania. En etapas anteriores, participó en iniciativas de prevención de blanqueo de capitales mediante medios digitales, demostrando su versatilidad y profundidad en el ámbito de la seguridad financiera y tecnológica.

Autor de múltiples publicaciones técnicas, como "Usuarios TorBrowser al descubierto" y el "Manual básico de Python para técnicos de Ciberseguridad", Raúl combina su experiencia práctica con la difusión de conocimiento. Entre sus logros académicos, destacan certificaciones en análisis forense, pruebas de penetración y normativas internacionales como el Esquema Nacional de Seguridad y la certificación NSE 1 Network Security Associate.

Además de su habilidad técnica, Raúl tiene una pasión por la enseñanza y la innovación tecnológica. Sus proyectos incluyen la implementación de soluciones de seguridad basadas en estándares como ISO 27001, la integración de sistemas SAP y el desarrollo de herramientas de monitoreo y auditoría en entornos corporativos.

En resumen, Raúl Renales Agüero es un referente en el ámbito de la ciberseguridad, con una sólida reputación como líder, formador y tecnólogo, cuya misión es fortalecer la resiliencia digital en organizaciones públicas y privadas, al tiempo que inspira a las futuras generaciones de especialistas en seguridad.